山本あり

産業編集センター

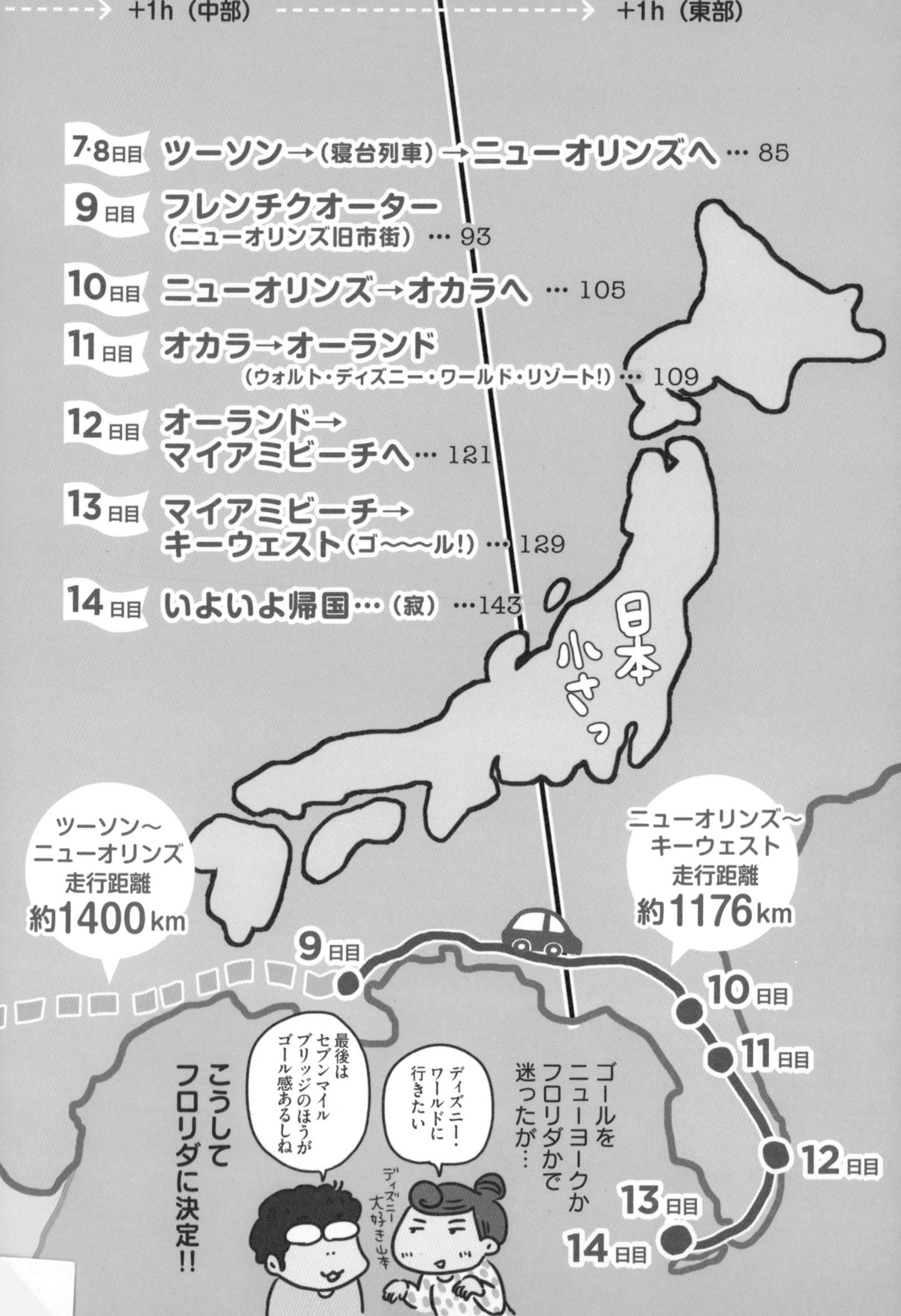

+1h（中部）
+1h（東部）
7·8日目 ツーソン→（寝台列車）→ニューオリンズへ … 85
9日目 フレンチクオーター（ニューオリンズ旧市街） … 93
10日目 ニューオリンズ→オカラへ … 105
11日目 オカラ→オーランド（ウォルト・ディズニー・ワールド・リゾート！） … 109
12日目 オーランド→マイアミビーチへ … 121
13日目 マイアミビーチ→キーウェスト（ゴ〜〜〜ル！） … 129
14日目 いよいよ帰国…（寂） … 143
日本小さっ
ツーソン〜ニューオリンズ走行距離約1400km
ニューオリンズ〜キーウェスト走行距離約1176km
9日目
10日目
11日目
12日目
13日目
14日目
ゴールをニューヨークかフロリダかで迷ったが…
ディズニー・ワールドに行きたい
ディズニー大好き山本
最後はセブンマイルブリッジのほうがゴール感あるしね
こうしてフロリダに決定!!

アメリカ内時差（太平洋）→ +1h（山岳部）

★Contents★

こんにちは
漫画家の
山本ありです
突然ですが
私は旅が大好き
あと食べることも

自分の知らない
価値観、人、
食、文化に
触れあえる
またとない
機会…
旅、
最高!!

今まで、
いろんな国に
行きました
ロンドンに1年半
住んでいた事も
25ヶ国以上

ここまで書くと
行動力や度胸が
あると思われるの
ですが…
実は超絶
心配性です

出発前はいつも好奇心と不安のせめぎ合い
ここに行くには…
交通機関、ホテル、ごはん、危険な地域など、徹底的に下調べ
アプリ入れたり予約など日本でできることは全部やっていく
ハァ〜…
ドキドキ

そんな私が人生で一度はしてみたい旅… それは…
アメリカ横断!!

子供の頃に見たテレビ番組「アメリカ横断ウルトラクイズ」と「なるほど!ザ・ワールド」の影響大!
壮大な自然
本場のエンタメ
豪快な食べ物
アドベンチャー感のある旅…
体験したい!!
アナログテレビの幼少時代

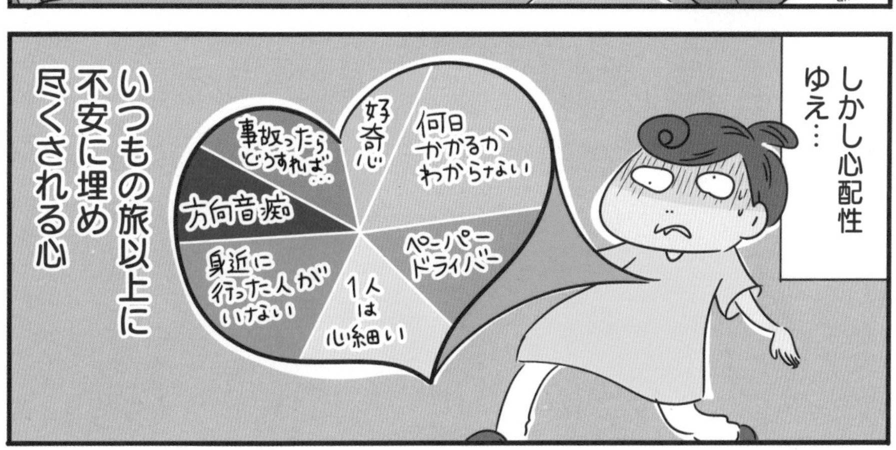
しかし心配性ゆえ…
好奇心
何日かかるかわからない
ペーパードライバー
1人は心細い
身近に行った人がいない
方向音痴
事故ったらどうすれば…
いつもの旅以上に不安に埋め尽くされる心

そんな時に出会ったライターさんが
全然できるよ！横断でしょ？レンタカーなんて乗り捨てできるし
モーテルも充実してるし
仕事でアメリカ中を車でぐるぐるまわる事が多い
え…

この瞬間、急にアメリカ横断が身近になった気がした

あとは一緒に行ってくれる人…

夫ヨウさん
会社員
旅行はだいたい山本に連れ出されて行く
別冊太陽
日本のこころ

えっアメリカ横断…？
基本インドア派
趣味は読書（文化活動）

あー
1回
行ってみたい
なぁ

えっ
ホント!?
うん

アメリカ人や
アメリカ文化にとって
「移動する(ロードトリップ)」って
古典的なテーマ
なのよ

映画『イージー・ライダー』や
アメリカを移動しながら人生を見つめ直す物語だそう
ビートニク作家
ケルアックの
『オン・ザ・ロード』
とかね
若者がアメリカを3往復する小説らしい
村上春樹の
大学の卒論も
「アメリカ映画における旅の思想」が
テーマなんだよ
ファンの中では有名なんだとか

だから等身大の
アメリカを見る
ためにはドライブを
しなくてはいけない
へ、へぇ…

けど、意見は一致したので

よっしゃ行こ!

何だ、ビートニクって?

NYやロスだけがアメリカじゃない。ノーベル文学賞を受賞したスタインベックの『怒りの葡萄』もルート66を舞台にしているしルート66は「マザーロード」と呼ばれていてアメリカの原風景が…

うふふ

ブツ ブツ ブツ…

人物紹介（我らのスペック）

山本あり

● **英語レベル**

リスニング→日常会話は
まあまあいける。

スピーキング→強引に喋る。

リーディング→読めない。

● **車**→超ペーパードライバー

● **体力**→なくはない

● **胃腸**→普通
（甘い物とパンは別腹）

旅は入念に
下調べタイプ！

★旅行で心がけている事★
「全てにおいて無理をしない」
「荷物を減らす」
何泊でも42Ｌのスーツケース

ヨウさん

● **英語レベル**

リスニング→あまり聞きとれない。

スピーキング→あまり喋れない。

リーディング→大学受験のおかげで
単語力があり読める！

● **車**→年2、3回地方で運転するくらい。
嫌いじゃない。海外での運転は初。

● **体力**→ある！

● **胃腸**→強い！

★旅行で心がけている事★
「事故らない、
怪我しない」
「太らない」

荷物について
山本は、荷物を
軽く、少なくすることに
命をかけている。
重いの
疲れるんだ
もん!!
なので、3日だろうが
2週間だろうが
夏だろうが
冬だろうが
スーツケースは
42L。
あと
肩がけカバン
貴重品はここ
56cm
38cm
25cm
ヨウさんは同じ
スーツケースに
リュック
荷物を
少なくする
ポイントは
服!!
下着、服は
3〜4日分!!
バスルームで
洗濯し着回す。
(※洗剤忘れずに!!)
シワにならず、
たたむと
小さくなる
ものを選ぶ
いざとなったら
普段着にも
なる寝巻き
あると
便利な
もの
食品用ラップ
袋どめ
クリップ
食べ物やお菓子の
袋がやぶけたり
食べきれない時にとめたり
包んだりして使う。
汁物をお土産に
する時も包めて便利。
ファスナー付き
保存袋
アメリカのスーパーは
袋がもろいことが多い
ナイロンの
エコバック
洗える!
ぬれてもOK!
アメリカ
横断に
持って行って
良かったもの
クレジットカードは
ICチップ付き
じゃないと使え
ない所があります!!
CREDIT CARD
VISA
SPF
+50
日焼けどめ
サングラス
帽子
保湿
クリーム
リップ
日差しと
乾燥が
スゴイ
使い捨て
ウェットシート

1日目 ロサンゼルス国際空港到着！

★ドジャースタジアムで野球観戦
★ロサンゼルスカウンティ美術館を駆け足で！

Arrival
ロサンゼルス空港到着
いよいよアメリカ横断がはじまる
今日はまずメジャーリーグ観戦だね
うんっ
我ら野球観戦大好き(特に夫)
ドキドキ
LAX

事前にチケットも購入
しかも結構いい席

13時45分開始に間に合うよう

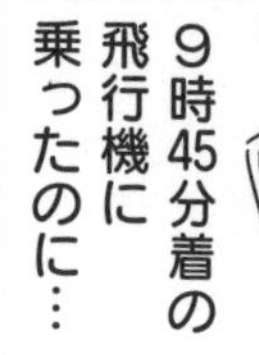
Baggage claim
9時45分着の飛行機に乗ったのに…

Baggage claim
山本、ロストバゲージ
間違われたくさい…
マジか…
ものすごく似てるのが残っている

数時間、空港内外を探してもらったが見つからず…
放送もしてもらった
From Haneda

見つかり次第、ホテルに届けるから
明日はラスベガスに移動するんでしょ？
もし今日の配送に間に合わなかったらラスベガスのホテルに届けるわ
Baggage information

参っちゃうわね…
見つからなかったらどうしよう
しかももう13時…
予約していたレンタカーをとりに。
空港から市内は約30分（慣れた人がスムーズに行けばの話）
いよいよ運転か…
これが左ハンドル…
わたわた
大丈夫…？
とにかく事故らないよう
野球はちょっと見れればいいから焦らず行きましょう
ナビよろしく
はい…
クラクションの洗礼をあびながらロサンゼルス市内に突入
プー
プップップッ
プー
プー
並走の人にも何か言われる
なんで鳴らされてるかわからない…
あと…
ナビ忘れないで!!
遅いのかな？
ガクブル
私…ロサンゼルスに来たんだ…
ヤシの木…ホウ…

OHHHH!!

うわっ

迫力…

で

でか…

歌えなくてちょっと悔しい山本…

ちょっと
俺…
辛い時こそ
食べるに限る
飲んでも飲んでもなくならない
巨大コーラ
マスタード、ケチャップ、生玉ねぎ、レリッシュ(ピクルスのみじん切り)はセルフ
名物
DODGER DOG
(ホットドッグ)
精神の乱れなのか、プッシュが難しいのかヘタクソすぎる
大きさは普通
お腹すいた
着いてから何も食べてなかったわっ!!
ぐぅ〜
色々ありすぎて忘れてた〜〜
生玉ねぎシャキシャキ!
うん!すごいシンプル
でも野球がメインだからこのくらい素朴な味がいいかもなぁ
TPOを感じさせる球場飯
OHHHH!
It's Amazing!
OHH!

それにしても
どっちが勝っても
いい試合って
心穏やかだわ
OHHH!
私も…
日本だとベイスターズファン
あ〜
負けだぁ
俺はもう
野球見ないぃぃ
ドドドン
めんどくさい

あっ
そろそろ
カウンティ
美術館に
行った方が
いいかも！
あそこ
19時
閉館
なんだよ
今、16時

開始から見れたら
もっと堪能できた
のにな…
プップー
俺は愛唱歌も
聞けたし、地区
優勝決まってる
試合だったし
何より球場を
体験できて
満足だよ♡

ロサンゼルス
カウンティ美術館
（別名LACMA）
1961年設立
西海岸最大規模の
美術館
屋外の作品は
無料で見れます
現代美術家
故クリス・バーデン「アーバンライト」
LACMA
LOS
MUSE

屋内には
古典、西洋
現代アート
モディリアーニ！
ピカソ！
インスタレーションなど
素晴らしい作品の数々
めっちゃ
充実！

アーティスト マイケル・ハイザー「Levitated Mass」
340トンの岩が空中に浮いているように置かれた作品

朝食っぽいけど、山本は旅行に行ったら
その時食べたいものを食べるスタイル

ハンバーガーすごいな…
肉肉しくて豪快な味だわ…
もごもご

太らないように気をつけないと…
あなた、目の前にあると全部食べちゃうもんね…

ここは何で見つけたの？
知り合いのライターさんのSNSだよ
よく来てるらしい～
そっかー この地元っぽさいいわね♡
あそこのカップルも
このテカテカのレトロなソファーもさ
気どっていないのにおシャレでジーンズのCMに出てきそうだった

ふぅ～
こっちに来て初めて落ちついたな
一気に時差の眠気が…
私はまだ落ちつかないよ…

明日はラスベガスに移動かぁ
お昼過ぎまで市内ぶらぶらできるわよ
ごちそうさまでした
Du-par's

初日の宿は「スーパー8」
アメリカ全土で展開する大手チェーンモーテル
スーツケース届いててほしいけど…

届いてないよ
ガーン
STAFF

着替えもないし困っちゃうわね…
22時だしもう無理だよ…
こんな遅くに配送なんてしないじゃろ…
スーツケースごとこっちで買うわ
お金で解決できるだけマシだわ…
完全に諦めかけた24時

まじー!?
配送の人〜っっ
ありがとう〜っっ
初日のハイライトがここだった山本
間違えた人、気づいて空港に戻って来たらしい

よかったよぉ〜
本当にな
アメリカ横断無事にスタートできそうです
HOLLYWOOD

レンタカーについて

レンタカーは日本で予約。
不安なら大手の
レンタカー会社が
安心です。(最大手は「Hertz」)
ーが高い!!!
なので、中の上くらいの会社
前半は「AVIS」、
後半は「Budget」を
選びました。
オススメは「AVIS」
日本語ナビ(GPS)をつけよう
ただ「Googleマップ」や「MAPS.ME」の地図アプリの方が便利な時が多い…
車のサイズはフルサイズ
馬力がある
車で移動中、後ろのシートに乾かなかった服を広げとくと、めっちゃ乾く!!!
ロードサービス(オプション保険)は付けませんでした…
モニュメントバレー付近を走行中
タイヤに不具合発生!
タコメーターになんかビックリマークが出て来たんだけど!!
(!)←こんな表示
たまたま近くにあった小さい空港に「AVIS」があり対応してもらえた。
ガソリンスタンドで直せるよ。俺、行ってあげる。待ってて。
スタッフ
縁石に上がった時にタイヤに傷がついてしまったらしい
ブーン!!
こういう時のためにも無名の会社は避けた方がいい…。
良かったぁ…

2日目 ロサンゼルス→ラスベガスへ

★霧に囲まれるグリフィス天文台
★チャイニーズシアターの「シ」は「Th」
★バグダッドカフェで休憩
★ラスベガス到着！ カジノ&エンターテインメント!!

朝食は
スーパー8名物
手作りワッフル
メープルシロップ
今日は午前中
ロサンゼルスの街を
ぶらぶらして♪
午後
ラスベガスに
向かうと♪
自分で
生地を入れて、
焼く。
わー!!
breakfast
スーツケースが
返ってきて
上機嫌
素朴な味ね
アメリカ
ガイド
それじゃ
行きます
相変わらず
緊張…
レッツ
ゴー
プノ〜ッ
まずやって
来たのは
映画『ラ・ラ・
ランド』の
ロケ地♡
「ラ・ラ・
ランド」
大好き
グリフィス天文台
グリフィス公園内に
ある天文台で
ロサンゼルスの街を
一望できる…
はずが
GRIFFITH OBSERVATORY

お、おう…
どんより…
もう少し見えると思ったけど…霧がすごいな
もゃ
もゃ

午後からは晴れるみたい
ガッカリだわ…
しかも今日天文台の館内定休って
なんて日だ!!
LAガイド

でもまあロサンゼルスならまた来れるし
いいよいいよ
スーツケース戻ってきて心の余裕ができたな…

次に向かったのは
「チャイニーズシアター」!
――ってこの辺なんだけど…
あっ
エクスキューズミー

Where is チャイニーズシアター?
…?
I don't know

えっ
有名でしょ!?
なんでわからないの!?
チャイニーズシアター!!
シアター!!
シアター!
Sorry…

……ヨウさん
Theater
(θ)
Th…
θ
Oh! Theater!

This way～
日本の英語教育よ発音の大切さをもっと教えて欲しかった…
Ok?

グローマンズ・チャイニーズ・シアター
中国風寺院建築の劇場(映画館)
こんなに目立つ外観なのに見つけられなかった我らもどうかと思う

入り口にはハリウッドスターのサインと手形があるのだが
サインって読めないわぁ…
誰かわからないと感動も何もないねぇ

他にも映画スタジオ見学にビバリーヒルズもあるし、街歩きもしたいんだけど
半日じゃ無理があるよなぁ
名所は全部行きたいタイプのヨウさん
アメリカ

全部行っても焦って終わりならやめようよ〜
片や、決して無理をしない山本
それならお昼ごはんに時間とりたい
名所より飯

ということでロサンゼルスの陽気な雰囲気を楽しみ
街ブラ〜
お昼ごはんへ

1939年創業人気の老舗ホットドッグ店「PINK'S HOT&DOGS」
MADE SPECIAL FOR
PINK'S
並んでるなー
ダッシュ

地元っ子も観光客もいる！これはおいしい予感
ぐっ

メニュー多い〜
どうしよう
あらちょっと！
ハリウッド映画の名前つけたホットドッグがあるわよ
おもしろいねー

THE LA LA LAND HOT DOG

ソーセージ、トマト、
たっぷりワカモレ、
酸味がさわやかな
サワークリーム、
ベーコンビッツ
（粒々のスモークベーコン）

巨大!!

具とパンのバランスがいい！

さっぱりしてて食べられちゃう！

ソーセージのパンチがすごい

他の具やパンの味が全部持って行かれるけど

めちゃくちゃおいしい

ポーリッシュソーセージ、
いろんな部位の肉を使う
粗挽きソーセージ
グリルオニオン、ベーコン、
グリルマッシュルーム、
たっぷりナチョチーズ

PLANET HOLLYWOOD DOG

それではラスベガスに向かいましょう！
バタン

俺さ、クラクション鳴らされてた理由わかった

左ハンドル初めてだから車線ギリギリ走ってたのよ
プーッ
プッ
プップーッ
プッ
近い！
真ん中がわからない
我ら
追いこせない
オイ！よりすぎだ！
たぶん教えてくれてた
たぶん…

そしてハイウェイにのると…
怖っっ
5レーンもあり車線変更しながら追い抜いていくカーレース状態
びゅんっ
びゅんっ

しかし郊外に入ると
何もない…
車が激減極端に運転しやすくなる
モハーヴェ砂漠
緩急の差が激しすぎるアメリカの車社会

車内ではヨウさんが王様なので下僕となる山本
眠くならないよう話しかけまくる
〜でがあって〜それで〜になったんだけど、〜でしょ？
だよね〜で、これから〜して
だから〜それでさ〜
ガムちょうだい
はい！
何か音楽かけて
はい

休憩地はモハーヴェ砂漠のルート66沿いにある「バグダッドカフェ」
映画『バグダッド・カフェ』の舞台
ポッン…
気温は40度で乾燥している
MOTEL
BAGDAD CAFE
俺、あの映画大好きなんだ
ここに来る人生だとは思わなかったよ…
よかったよかった
店員のおばさまは、「この店をつぶしたくない!」と引き継いだそう
世界中から訪れた人のメッセージが壁中に貼ってあり
我らの他にはロードトリップ中の老夫婦がいた
時が止まった世界だわ
とっても素敵…
キュン♥
夕方、ラスベガス到着
今夜の宿は「ヴェネチアンリゾートホテルカジノ」
全室スイートルームで部屋数4000室ととんでもなく巨大!
VENETIA
ベネチアの街を模した造りになっている
故に
駐車場広っ…!
駐車場からロビーの間で迷子～
宮殿のようなホテルの廊下
方向音痴の山本は
ひとりじゃ部屋から出られない…
ガクブル～

「フリーモント・ストリート・エクスペリエンス」へ
爆音の音楽の中映されるLEDライトの天井が有名なショッピングモール
ダッ♪ズッ
♫ズッ♪
ダダ♫
ジャジャーン♪
ビャ
ビャ
ビャ
…
…
ムダに高いテンションに圧倒される2人…

ラスベガスといえばカジノ
ピーン
お金入れてボタン押したら勝手にはじまって終わったんだけど！
自分で柄を合わせるのだと思っていた…

何が何だかわからないまま5ドルすった
俺8ドル
夫婦そろって掛け金がチキン

「ベラージオ・ホテル アンド・カジノ」の猛烈な噴水ショー
開始時間に行けば好きに見れる。無料なのがスゴイ！
マイケル・ジャクソンの『ビリー・ジーン』(インスト)で大暴れ
ザパァァァァァァ!!!
ブワァァァァ！ドォオオ
オ！
なんでこの曲…
ここが砂漠の中だなんて…
この水引いてるんだよね？

時間感覚がくるっちゃう!

THE ORIGINAL 1762

ビールは、ハイネケン

ローストビーフ
チェダーチーズ
西洋ワサビソース

ローストビーフしっとりでおいしい〜

非日常感がハンパないね

これがマフィアが作った砂漠のオアシスかぁ

ラスベガスに"Sin City"(罪の街)というニックネームがついてるのがわかる…

3日目 ラスベガス→カエンタへ

★ドライバーズハイになりながら初めての長距離
★ダムマニア悶絶のグレンキャニオンダム
★ピンポイントを体感「フォレスト・ガンプ　スポット」
★圧巻!一瞬!!　モニュメントバレーの夕日
★ナバホ居留地のナバホ時間!???

余裕みて
8時に出たけど
間に合うかしら…

……

↑運転しないから何も言えない山本

出発

ブーーン

車内で
朝食

ホテル内にあった
「BOUCHON BAKERY」

フレンチシェフが作った本格派ベーカリー。ナパバレー店はミシュラン星1をとったことも!

BOUCHON BAKERY

大人気

Ham, Cheese & Egg Croissant
ハム、チーズ、エッグクロワッサン

具を挟んでプレスしている

質のいいバター
使ってるの
わかるな

クリームチーズ

CheeseDanish
チーズデニッシュ

デニッシュは
クリームチーズの
甘酸っぱさと
こってりさ
たまらんね～

山本、コーヒーを買い忘れたのが悔やまれる

休憩ポイントはマップにチェックしてるから休みたくなったら言ってね

もぐもぐ

iPad

心配したものの…

一本道だし

信号ないし

アクセルふむだけだから気がラク！

バーーーー…

ドライバーズハイになり3時間270kmをノンストップ

お、俺は大谷くんの球速に近づいている…

は？大谷くんてメジャーリーガーの？

※スピード出しすぎ注意

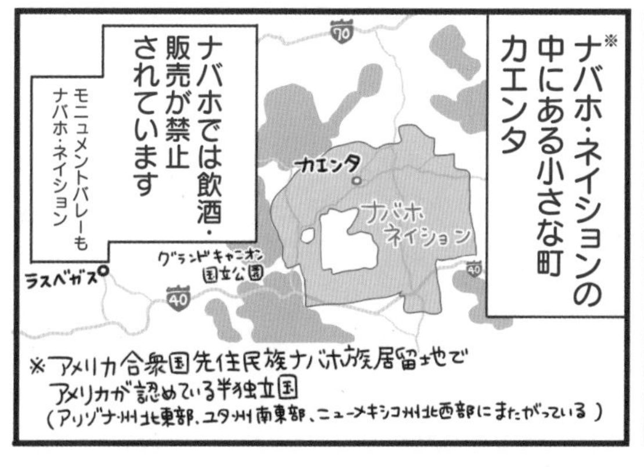

ドライバーズ・ハイのおかげで余裕ができ

途中にある「グレンキャニオンダム」へ

コロラド川のダムです

ダムマニア悶絶だな

怖〜

なんかあそこで動いてる小さいのって……

人だ!!

拡大

あれが人間ってことは…このダムはどんだけ大きいの…
風景のスケールが壮大すぎて、対比がないと視覚認知ができなくなっていた
ちなみに全長186マイル(299km)水が満杯になるまで17年かかったそう
ゴシゴシ
アリゾナの命の水か…
この日も外は40度
ジリジリジリジリ
ジリジリ
乾燥もヤバイ
「ソルトリバープロジェクトナバホ(石炭発電所)」が見えたら、いよいよナバホ・ネイション入り
ここからもうちょっと走ると
モニュメントバレー!!
正式にはモニュメントバレー・ナバホ・トライバル・パーク
無事に来れた…
ユタ州南部からアリゾナ州北部に広がっている地域
何千年もかけ地層が風化・浸食されてできた地形でアメリカの原風景と言われている
テーブル状の台地は「メサ」孤立丘は「ビュート」と言う

まずは、映画『フォレスト・ガンプ』のロケ地にもなった「フォレスト・ガンプ スポット」
撮って！撮って！
山本は『フォレスト・ガンプ』大好き
フォレストが群衆引き連れて走るとこだね
グリコポーズをしてしまう日本人魂

ピンポイントに完璧な構図の奇岩群
50mでも前後するとこのバランスが崩れる

ただの国道163号線を観光スポットにしたハリウッドの腕

「ここすごいなぁ…行ってみたいなぁ…」
そう思っていた中学生の私に言ってあげたい

13年後に行けるから頑張って生きろ
山本は本免技能試験を4回落ちている
あと英語はまじめにやれ…
そして運転してくれる相方を見つけろ…
日没のモニュメントバレーは混みそうだから早めに行かない？
俺のミッションはとにかく時間に間に合わせること

夕日はこちら、
「モニュメントバレー
ビジターセンター」
から拝みます

このビューポイントは
「ミトンズビュー」と
呼ばれているそう
ミトン
(手袋)の形に
似ている
ことから

日没まで
もう少し
あるね
ボーっと
しちゃうな
モニュメントバレーは
360度この風景なので
実は少し見慣れて
しまったところも
あったのだけど

日没
20分後
から

茶褐色の
世界が
どんどん
影に包まれ

岩が…宙に浮いてるみたい…
うわあ…

自然って…地球って…すごい‼

真っ暗になる前に※カエンタのモーテルへ

※カエンタ/カイエンタ 読み方は定まらないようです

買ったビールを冷やし
ザク
部屋に冷蔵庫がないのでICE/VENDINGルームから氷を拝借
PALE ALE
SIERRA NEVADA

夕飯…生野菜が食べたい…
久しく食べてないよね…

モーテル向かいにあったアメリカを代表するファストフード「タコベル」で調達
今夜はタコスとビ〜ル♪

おぁっ
栓抜き持って来るの忘れた…
痛恨

こんな時はお隣へ
エクスキューズミ〜
コンコン
栓抜きあればかして下さい〜

お礼におせんべいをあげる
旅行での交流は温かい…
おばちゃん2人で旅をしているらしい
OH! サンキュー!
Beer's Friend.

1日で650kmも走ってくれて感謝〜
無事に運転できてよかった〜
かんぱい

生野菜がこんなに沁みるなんて…
身体の中にビタミンが入っていく〜
タコスにビールはうまいな
Pawer menu bowl
生野菜GET!
(レタス、ワカモレ、サワークリーム、チーズ、ライス、ランチドレッシング、ピコデガロ)
↑唐辛子、トマト、玉ねぎなどで作るメキシコの調味料
Soft taco
(ビーフ、レタス、チーズ)
アメリカって生野菜がなかなか食べられないから嬉しい〜
お風呂にも入り
つかれたあ…
明日は8時半現地集合でアンテロープキャニオンツアーだ
その時山本は知った
ナバホ居留地に「ナバホ時間」※なるものがあることを
※サマータイムの3月〜11月の間適用される。
ちなみにアリゾナ州はサマータイムを実施しない。
ナバホ居留地外
アリゾナ時間
ナバホ居留地
ナバホ時間
(アリゾナ時間+1時間)
ページ
ツアー会社はここにある
アンテロープキャニオン
カエンタ
98
アリゾナ州
8時半て、どっちの時間で集合するのか

ヨウさん！
どうしよう
ナバホ時間
ってのが
あるんだけど

ぴょーーん

え
ナバホ
時間？

待って〜

お風呂中

アリゾナの
強烈な日差しで
ひどい充血…

もう夜
だから
ツアー会社も
やってないし!!

ドタ

バタ

あせ
あせ

はぁ〜
お風呂中に
なによぉ〜

ナバホ時間って
わかったの？

スー…

ネバダ州、ユタ州、
アリゾナ州、砂漠地帯は
経験したことがないほどの
乾燥っぷり!!
ち〜ん
鼻をかむと鼻血が!
乾燥して粘膜から
出血…
これが毎日続く。
マンガには描いて
いないのですが、
運転中は
サングラスを
つけています。
走っていると
フロントガラスが
結構汚れるので
ガソリンスタンドで
まめに掃除。
原因は砂ぼこりと
虫!!
大量の虫がガラスに
ぶつかって死んでいく…
ホテル、レストラン
ツアー会社が
たくさんある
ページに
泊まる人が
多いですが…
モニュメントバレーの
日没を見たいなら
近くのカエンタに
泊まるのが
オススメです。
大自然の中に
ポツンとある
街です
静かで
良きかな

バグダッドカフェ：ここでアイスコーヒーを飲む。アイスコーヒーといえばアメリカ。本場のアメリカのコーヒーは薄いのです。ヨウさんはお気に入り。

広さ大きさ全部規格外！

日本で見たことがないほど大きいホットドック。

この日の試合はホームでの最終戦。ギリギリ見れてよかった！

テレビや写真でしか見たことない風景が目の前に〜！本当にあったんだ！感動！

モニュメントバレー：この道はどこまで続くのか…ちょっと怖くなる。

ラスベガス：どこもかしこもピカピカ光り音もすごい。ここでは正気を保つのが難しい…。

4日目 カエンタ→グランド・キャニオンへ

★地球って美しい！アンテロープキャニオン
★入場無料の大渓谷　ホースシューベント
★地球の歴史を目の当たり
世界遺産グランド・キャニオン国立公園

ピピピピピピピピッ
ハッ
はっ
寝落ちしてしまった!!
何時に行けば!?
ガバッ
ピピピ
ピピッ
アリゾナ時間で動けばいいらしいよ
webサイトに書いてあった
…
すまん…
フゥ…
2人だとこういう所助け合える…
ここまで来てツアーに遅れるなんてショックが大きすぎだよ
ほんとだね…
出発1週間前
ヨウさん、アンテロープキャニオンに行きたいって言ってたけどどんな所なの?
調べてみよ～
カチャカチャ
洞窟みたいな渓谷なんだよ

砂岩が
鉄砲水と風で
削られて
できたらしい
ちょっと
これ…
ツアー
じゃないと
入れない
じゃん！
うそ!!
ガイド本には
そんなこと
書いてなかった
けど!?
行けば
フラッと
入れるのかと
思ってた!!
※昔はツアーじゃなくても
入れたらしい
しかも
満席
だらけ
アンテロープキャニオンは、「アッパー・アンテロープキャニオン」と「ロウワー・アンテロープキャニオン」の2つがあり、人気なのは「アッパー」
歩きやすいのと時間によって〝ビーム〟と呼ばれる太陽の帯が見れるからだそう
もう朝イチの
値段高めの
ロウワーのツアー
しか空いて
ないわ…
カチャ
カチャ
うわ～
ごめん～
あわわ
いやいや、
今、気づいて
よかったよ
あぶなかったぁ
こうして
ギリギリで
申し込めた
ツアーなのです
けっこう
人いるね
ぞろ
ぞろ
ツアーガイドは
ナバホ族の方
トニーです
よろしくねー
ロウワーの
ツアーは１時間
くらいだよ
水、カメラ、貴重品以外は
持ち込みできません
身体にフィットする
ウエストポーチはOK

我らの行くロウワーはアドベンチャー感があるそう
狭い所歩くから気をつけて
This way
こんな砂漠のどこにあるの？

えっ
この下!?

仕事柄、座りっぱなしだから、普段使わない筋肉を使うと緊張する
そろり そろり
急な階段を降りていくと

わわわ〜！
神秘的な砂のベールが出現！

これが自然にできたなんて…すごい…
うわっカッチカチ！
そっかよ…
ぺちぺち

この形に色…
地球って、自然の力って、なんて美しいんだ…

あそこの岩、サルの顔に見えるでしょ
こっちはサメだよ
トニーの説明丁寧だね

とりわけトニーは
1、2、3…
パシャ

写真がべらぼうに上手い
8〜9頭身に写るうえ脚も長い

俺、180cmちかくあるように見える!!
トニー、すっげえええええ!!
Good！Good！
165cm
155cm

このナバホ族…何者…

ちょっと高めだったけどいいツアーだったなぁ
アンテロープキャニオンもだけど、トニーの腕前にも感動…
ゴーン
お昼は
せっかくアメリカだし、ステーキ食べたいな
いいねいいね
ページにある「Dam Bar & Grille」へ

ステーキは大きいからシェアするとして…
あとは生野菜食べたいから
シーザーサラダも！

山本は葉っぱをとにかく食べたかったのに
チキンのせる？
いいです…
何ものせないの？
ナンデ？ドウシテ？
おいしいのにー！
サーモンものせられるわよ？
No, Thank you…
店員さんとの攻防に一苦労

ARIZONA FLATIRON
(ゴールドキャニオンアンガスビーフ)
フライドオニオン
CLASSIC CAESAR SALAD
クルトン、ロメインレタス、パルメザンチーズ
ドンッ
フライドポテト

肉の厚み
すごい!
やわらかくて
おいしい!!
赤身は
特に大好き

量も味も
すごい
パンチ力!
食べ切るのに
休憩が必要だな

シェアで
丁度
よかった…
葉っぱ
うまい～
もしゃ
もしゃ
アメリカは
何回か
来てるけど
自然も食も、
今回の旅ほど
アメリカを
体感したこと
ないかも

お次は車で15分ほど
〝大渓谷〟と
いわれる
「ホースシュー
ベンド」へ
入場無料
ぞろ
ぞろ
ぞろぞろ
歩いてく
ついていけば
いいね

今日も
灼熱だ…
注意書きが
ガチだわ…
ジリ
ジリ
猛烈に暑い!
1人1本は水持って!
サンダル ダメ!
帽子 かぶって!↓
WARNING!
EXTREME HEAT
MINIMUM
1 BOTTLE WATER
PER PERSON
NO SANDALS
WEAR HAT

駐車場から
15分ほど軽い
登り坂を
歩くのですが
暑さで座り
こんでいる人も
いるほど…
ハァ…
地面は砂
日影はない
山本

すご…

全長2330㎞のコロラド川が急カーブし侵食されできたそう

こっ怖〜っ
俺ダメだここ!

遊覧船

ブルブル

暑さに関する
注意書きに
反して
落ちる事には
ゆるい
Yeah!
自己責任
300mやぞ…東京タワーのてっぺんに命綱なしで座っているのと同じことやぞ…
アブナイ!
Danger!
「DO NOT ENTER」(立入禁止)じゃないんか!!

素晴らしいんだけど…
怖さが勝ってしまう…
怖すぎて
暑さ忘れた…
なんだココ…
次の目的地に
向かうか
うん

ブーーーン

どう?
運転
なれて
きた?

うん
すごく
楽しい!
これが
〝旅〟なんだなぁ

観光地を巡ったり、
おいしいレストランを
調べて何軒も
ハシゴするのも
楽しいけど

時間をかけて
その国の
空気や文化を
感じる…

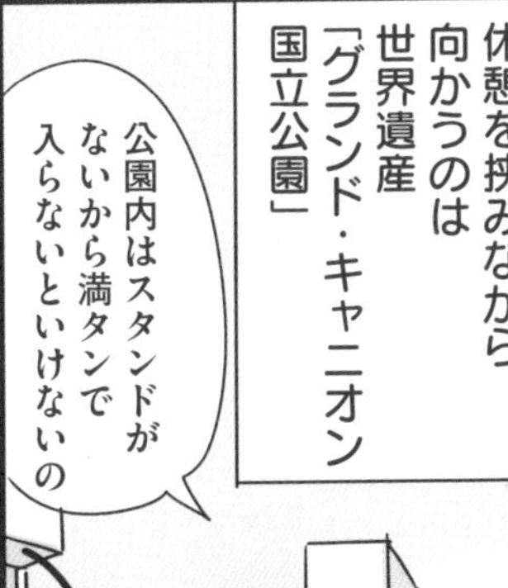
休憩を挟みながら向かうのは世界遺産「グランド・キャニオン国立公園」
公園内はスタンドがないから満タンで入らないといけないの

へー

夕方、無事到着
ゲートで入園料と車両代を払い入園

今日も無事に着きそうだ
ハッ
「楽しい」と聞いて安心して寝てしまった

えっ着いたの!?
ゲートはくぐったけどビジターセンター、それに今夜泊まるロッジまではまだまだだよ…

そう…グランド・キャニオンの総面積は4920平方キロメートル!(東京都約2個分)
驚異の大きさ!!!
ロッジ
ビジターセンター
East Entrance Station
ゲート
ゲートからロッジまでも25マイル(40km)
64
ひとまず途中の駐車場に停めて外に出てみよう

うっひょおおお！
コロラド高原がコロラド川に削られてできた巨大な渓谷
この地形になったのは200万年前だそう

底の地層はなんと…
15〜20億年前!!
ひぃっ

地球の歴史が目の前に広がる…
地球規模で見たら人間なんてちっぽけだなぁ
本当だよ
これからの人生、間違いなくこの人にイラッとする事があるだろうその時はこの景色を思い出そう

感動してるところ申し訳ないんだけど
陽が落ちたら真っ暗で迷うかも…
夕焼けより朝焼けの方がキレイらしいから早めにロッジ行かない？
それじゃ公園内のスーパーで夕飯買ってこ

スーパーへ
STORE

こんな広いなんて…ロッジに予約できなかったら朝焼け見れないねぇ
俺は運転するからこの広さ知ってたけど…
公園内にはいくつかホテルやロッジがあるのだがとても人気で、5ヶ月前で残り3室だった
人気のホテルは
全滅

ビール売り場盛り上がってるぅ〜〜
おいしいのかな!?
ICE COLD
ARIZONA
LOCAL
BEER

種類もあるし日本に持って帰りたい
でもまだ旅は続くからガマンだ…
どっちにしようかなー

あと、おつまみとサンドイッチも買うか

どれもどっしりした味だ〜!

俺、エール好きだからすごいおいしいなあ!

SANDWICH

レタス

チーズ

ターキー

雑穀パン

ビールが強い味のジャーキーと合う!

おつまみ

ビーフジャーキー

チーズ

サンドイッチのパン、甘めで塩気のある具とバッチリ!!

実はまだお昼のステーキが胃にいる…
俺も…全然運動してないもんなあ
車に乗りっぱなし
10代で来てたら食ももっと楽しめたよなぁ
30代後半のつぶやき
ゴミ箱は～
このロッジゴミの分別がしっかりしてる
コーヒーのk-cupもリサイクルだ
K-Cup
RECYCLE
Raw Fruit & Vegetable Compost Only
Re-Think Recycling All in One!
節水のため水の使いすぎも注意だって
We work hard to conserve the fresh, clear water here at Grand Canyon National Park Lodge
国立公園のホテルって感じだわぁ
普段の生活もそういうのちゃんとしないとダメなんだけどね
朝焼けを見るため早めに就寝…
おやすみなさい

メジャーリーグに行く

[https://www.viagogo.jp]

※日本語でチケットが買えるのが安心

↳行きたい球団や日にちで検索

アンテロープキャニオンのツアーに申し込む

[https://navajonationparks.org]

※ツアーでないと入れません

↳Guided Tours → Antelope Canyon Tours

グランド・キャニオンのホテルを予約する

[https://grandcanyonlodges.com]

※日没と日の出を見たいなら、絶対にグランド・キャニオン国立公園内のホテルがオススメ!!

※記載のWebサイトは私が使ったサイトです。他にも参考サイトがあります!!

5日目 グランド・キャニオン→セドナへ

★無料シャトルバスで公園内ビュー・ポイント巡り
★セドナで大地のエネルギーを体感（？）

だんだんオレンジ色に
染まっていく様は

太陽の光って
地球を生き返らせるん
だなあ…
そう思わせて
くれたのです

大自然って
見れば
見るほど
感動
するなあ
ねぇ

ピュ〜

朝は
やっぱり
寒い
売店で
コーヒー
買って
ロッジに
戻ろう
ブル
ブル
ブル
ブル

朝食は軽くすませ
昨夜、スーパーで買った
コーヒー
MIXED FRUIT
山本はバニラ味にひかれる
ドライフルーツ
(オーガニック系はだいたいハズレなし)
ヨーグルト
りんご
ドライフルーツおいしぃー
海外は便秘対策しっかりしないとね
特に洋ナシ

チェックアウト
今日はどこに行くの?
グランド・キャニオンを散策してからセドナに行くよ
セドナはビューティフルなところよ~
何時頃にここを出ればいいかな…

公園内は無料のシャトルバスが走っていて
始発のバス停はあそこか
すごい並んでるじゃん!

いくつかあるビューポイントに停車してくれます
どこで降りようか?
ブロロロ…

Mohave Point
終点
始発
11km
5km
お昼すぎには出たいから終点まで行くのはやめよう
Mohave Pointってところで降りてちょっと歩くか
停留所はグーグルマップにも載っている
どこも似た様な景色だと思いテキトーに決めました

Mohave Point
ヤッホー
返ってきません→

怖い怖い
怖い怖い
大自然を体で感じている
本当に欧米人は怖いもの知らずが多いな

いいなートレッキング!
何億年も前の地層の中を歩くのってすてきだよね
谷底でキャンプをしながらトレッキングをするツアーもあるそう

パク
空気もおいしいし
モグ
パク
モグ

野生の動物にも会えて
かわいい〜
鹿
リス

身体にたまっていたストレスが大自然に放出されていく…

こうして
グランド・キャニオン
出発
ブゥ〜ン

隣のタサヤンって
町にいい感じの
ピザ屋あるから
ここで食べてこう
グーグル様様…

「グランド・キャニオンに
行ったらここに
行け！」みたいな
口コミだった
「WE COOK
PIZZA AND
PASTA」へ
WE COOK PIZZA & PASTA
Open

無言で食べる
お客さん
ばっかり
落ちつくわ
こういう店
もく
もく
むしゃ
おしゃ
むしゃ
もく
もく

THE
WORKS
ペパロニ、ソーセージ、ハム、
ベーコン、グランドキャニオングランドビーフ、
ピーマン、紫玉ねぎ、オリーブ、マッシュルーム
山盛り
トッピング！
名前の通り
ボリュームが
すごい!!
This is
America!!

野菜が
大ぶり
カットで
肉肉しさとの
バランスいい！
おいしい!!!
ボロ
ボロ
ボロ
ボロ

ピザ、ステーキ、
ホットドッグ、
パンケーキ…
アメリカっぽいもの
食べられて満足♡

俺…
グランド・キャニオン
行けたしすでに
かなりの充実感
でもまだ
5日目だよ……

夕方
セドナに
到着
こぢんまりしてて、
こういう町
本当に好き…
人口は
1万人しか
いないんだって
なっ

そんな所に
観光客は
年間250万人も
来てるらしい
なぜならば

「セドナ」はネイティブアメリカンの聖地であり
赤土の岩山に囲まれた町であり
ボルテックス※があるということでパワースポットとして有名なのである
※大地のパワー(渦)が放出される場所

特にボルテックスのエネルギーが強いと言われているのが
エアポートメサ、カセドラルロック、ベルロック、ボイントンキャニオンの4つ
大地のエネルギーなんて、わかるか?
パワースポットにいまいちうとい山本であるが、大好きな安室奈美恵ちゃんが昔来たというので来てみました…

エアポートメサからの夕日がきれいみたいだよ

来たものの
駐車場満車!!!
エアポートメサの駐車場はとても小さい…(10台分くらい)

近くのセドナ空港に駐車をし
パワースポットって人気なんだね~
セドナエアポートトレイルを歩き
ヒィ
ヒィ
15分くらい
かろうじて道な感じ
小高い丘を登り
ハァハァ…
日頃の運動不足がたたる…

エアポートメサ頂上へ
セドナの町が一望！

聖地って言われてるだけあって町全体がきれいだなあ
岩山に守られてる雰囲気だね

ブォ〜〜ン
なぜか手をふってしまう

ヨガポーズの奥さんを
次は縦で！
パシャ パシャ
一生懸命撮る旦那さん
日本人
もっとさがって
とても大変そうだった

※真ん中にシンギングボールを奏でるおばさま登場
ファーン
ファーン
※チベット発祥の仏具。ラマ教の高僧が神に捧げる儀式に使ったとされる。その音のヒーリング効果は絶大で身体と心に効くと言われている。

目が落ち始めると
瞑想モードへ

ファ〜ン
ファ〜ン
これが…パワースポットってことなのかな
ファ〜ン

なんかちょっと無心になれてスッキリ…
おばさまにお礼を言って帰る人多数！

「シンギングボール代」ってお金とるんじゃ…、と疑ってしまった私…
はずかしい
スバラシイ音色だったわ…
ウフフありがとう
超ボランティア

夕飯はアメリカでチェーン展開する人気のオーガニックスーパー「WHOLE FOODS MARKET」で調達

WHOLE FOODS MARKET

ここのお惣菜おいしいんだよね

好きなお惣菜を箱に入れる

あ、なんだか。。

エアポートメサのおかげなのか、身体も軽い気がする…

不思議…

フワフワ

今夜はどれにしよう…

ダーク、エール、ラガー…フレーバー系もある…

アメリカってバドワイザーだけのイメージだったけどこんなにあるなんて…

日中運転してるし飲みすぎないよう渾身の1本を選んでるんだな…

お肉BOX
ソーセージ、
チキンレッグなど
アメリカは肉うまい!!

サラダBOX
生野菜、豆、
ゆで玉子、
パスタなど
種類が豊富で
フレッシュ!!

いただきまーす

野菜、
味濃くて
うまーっ

これが人気の
スーパーか!!

でしょ

あっ

ドレッシング

雑穀パン

このビール、
カエンタでも
飲んだやつだ

今、
ふと
気が
ついた…

これ惹かれる
ラベルなん
だな

あんなに
真剣に
選んでいた
のに…

6日目 セドナ→ツーソンへ

今日は午前中
セドナを観光して
ツーソンに
向かおう
前半の車移動も
今日が最後だ〜
ツーソンから
しばらく
寝台列車移動
なのである
朝は清々し〜〜
アメリカガイド

ブンッ

あ〜
ヤバイ
こっち来て
甘いものとって
ないから
なんか
おちつかない！
ブルブル
定期的に甘いものを
摂取しないと
たえられない甘党

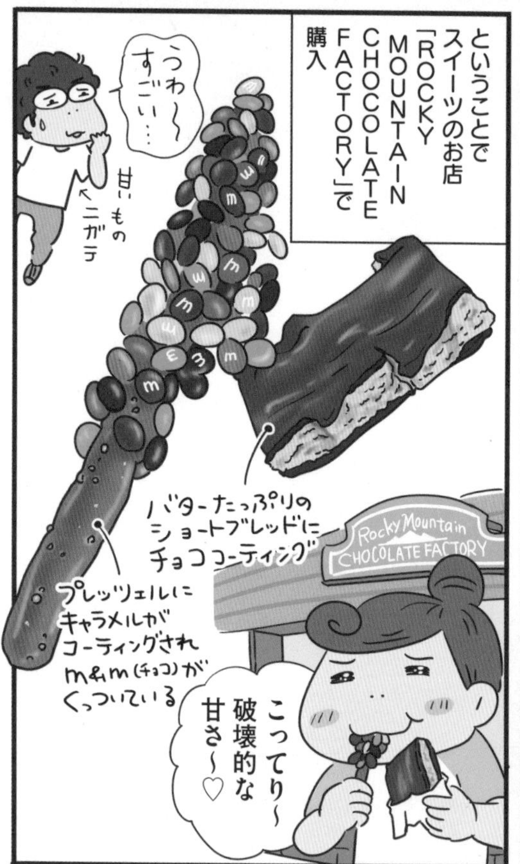
ということで
スイーツのお店
「ROCKY
MOUNTAIN
CHOCOLATE
FACTORY」で
購入
うわ〜
すごい…
甘いもの
ニガテ
バターたっぷりの
ショートブレッドに
チョココーティング
プレッツェルに
キャラメルが
コーティングされ
m&m（チョコ）が
くっついている
Rocky Mountain
CHOCOLATE FACTORY
こってり〜
破壊的な
甘さ〜♡

日本だとここまで甘いの食べられないかも…
味覚がアメリカになってきてる!?
もしゃもしゃ
ちょ…俺にも…

あうまい…
もぐもぐもぐもぐ
いつも甘いものあんまり食べないのに!!疲れてるんだな…

この人、急にパワーが切れて動かなくなるから心配…
よし行こう!

まず来たのは「ホーリークロスチャペル」
マルガレッド・スタウド(フランク・ロイド・ライトの弟子)がデザイン。地上60ｍにある岩の合間に建てられた礼拝堂
十字架部分が窓になってておしゃれー

礼拝堂に来ると清らかな気持ちになるわね
ここからの眺めもステキ〜
あ、ヤバイだんだん暑くなって来たぞ

お次は4大ボルテックスの1つ「ベルロック」へ
ギラギラ
ジリジリ
ちょっと歩いてみようか
小さいトレイルがある
植物がねじれてる!!これもエネルギーの渦なのかな…
こんなよ↓

えっちょっとこの暑さで!?
ザクザクザクザク
40℃近くあるよ!?
トレイルまで行かないよこの辺を散歩!

ふぅ〜♡気持ちが整うなあ
ボルテックスエネルギ〜

この暑さでよく正気でいられるな…
てゆうかこの人本当にフィーリングで動くんだよ…
1日の体力配分とか考えないのかなあ…
ザクザク

山本、暑さで全く気持ちが整わず…
滝汗
バタバタ
それではツーソンへ!

途中でどっかお昼食べられるとこある？
フェニックスって街が良さげだよ
ついでに休憩して行こう

セドナとツーソンの中間にありアメリカで6番目に人口が多い街だそう
セドナ
フェニックス
231マイル(371km)
ツーソン
国境
メキシコ
横断前なら
6番か〜フーン
くらいだったがアメリカの実態を知った今…
6番!?大都市やんけ

サボテンがたくさん生えてる
体感的に変化はないけど植物が変わっていることで土地や気候の違いを実感

フェニックス到着
信号がいっぱい
あ〜緊張する〜
プー
ププッ

誰も歩いてない…
住宅街なのに…
アメリカの肥満問題の原因に運動不足ってあるけどどこの暑さじゃウォーキングもムリなんじゃ…

まずは腹ごしらえ
フェニックス周辺に展開するチェーンファストフード「LENNY'S BURGER SHOP」
ジリジリ
ギラギラ
サウナかってほど…
LENNYS BURGER

ダイナーの内装
白髪のおばあちゃんがサーブ
イメージキャラのゆるさ…
Lenny's
BURGER
Single Burger Combo
こっちのバーガー野菜たっぷりでフレッシュでおいしい〜
Lenny
魚にしたけど…肉の方がよかったかも
Fish Burger Combo
ふと寄った店が当たりだと本当に嬉しい
しかも海外で!!
古典〜現代美術まで揃うアメリカ南西部最大の美術館
大きすぎて入口が見つからないっっ
久々の都会に翻弄される
PHOENIX ART MUSEUM
あっフェニックス美術館草間彌生の「Infinity Mirror Room」シリーズが展示中だって!
期間限定
ロサンゼルスの美術館「The Broad」の目玉作品でもある「Infinity Mirror Room」。大人気で予約入館制。我らは空きがなく入れなかったのである。

※全面鏡張りの部屋に無数のLEDライトを点灯させたアート作品

返し方は
とにかく
シンプル
これで
いいのか!?
駐車場に放置
(会社ごとにレーンがある)
※ガソリンは満タンにしなくてよい。
何かあれば後に請求されクレカ引き落とし。
ラクすぎて
逆に不安…

ツーソンは
サボテンでも有名。
なので空港周りは
サボテンだらけ
でかっっ
テーマ
パーク
みたい…
ソノラ砂漠にだけ
生息するサボテン
"Saguaro"

タクシーで
ツーソン市内に
戻りホテルに
チェックイン
「HOTEL
CONGRESS」
HOTEL
CONGRESS

Check in ?
〜〜〜〜
〜〜〜〜
〜〜〜
〜〜〜
Yes
やば…
全然聞き
とれない…
これが南部のなまり?
いや、私の問題もデカイ…
テキトー返し
〜〜〜
〜〜〜
今夜はバーで
イベントがあるから
うるさいかも
↖ここだけわかった

明日の朝
8時15分発の
列車でしょ
駅前のホテル
じゃないと
不安…
—ということで
ここにしたの
ですが…

1919年に建てられた
歴史的建造物で、
有名なギャング
ジョン・デリンジャーが
捕まったことで有名
幽霊が出る
というウワサも
あるホテルで
あった
ギャーッ

こんなに古いと出てもおかしくない…
内装かわいいねー
全然気にしない

夜はブルワリーの「THUNDER CANYON BREWERY」へ
アメリカってどこでもクラフトビールがあるんだね
てかビールってどこでも作れるんだ…
アメリカでは「クラフトビール」ではなく「ローカルビール」と書いてある所が多かった

メキシコとの国境近くの街だから…
Carnitas Tacos
豚肉に揚げたネギ、スパイシーなソースがかかっているタコス
山本は酸味があるビールが好きなのでリクエストしたらレモン汁並のが来た
限度～～！
すっぱ!!!

こういうタコス日本で見たことないな～
ホント！やっぱりメキシコ近いから現地の味なんだねー
※「Carnitas（カーニタス）」はメキシコの一般的な豚肉料理

ビールのタンクもアメリカサイズ
ドン
工場!?

アイス屋「HUB ICE CREAM FACTORY」に寄り
このねっとりさ最高〜♡
チョコミントが「After Dinner Mint」ってオシャレするぎるよ…♡
HUB
ご満悦
こんなに甘い物食べて身体…気をつけて…
↑塩キャラメルと2個買い

ホテルへ
ドンドン♪
ズンズン
フゥー
イエーイ
え
こんな激しいイベントだったの？
明日7時に起きなきゃなのに…
チャンチャン
ドン♪
チャン
ダン！ダン！
ズン

列車で寝れるから起きててもいいんだけど…
幽霊出るって…
耳栓きゅっ
きゅっ
ドン♪
ズン
ダン
チャン
ダン
イエー!!
キャ〜
俺ら、早起きになれてないからプレッシャー…
ややフレックス→
自由業→
耳栓で目覚まし音聞こえなかったらどうしよう…
目覚ましセット…
ドン
ジャーン!!

緊張したまま就寝…
ドンドン
ズンダーン
キャ〜
フゥー
HOTEL CONGRESS

7・8日目

ツーソン→（寝台列車）→ニューオリンズへ

走行距離
約1400km

★寝台列車サンセットリミテッド号でツーソンを出発！
あっという間にやってくる食事の時間
外を見たり、寝たり、展望車に行ったり、寝たり、寝たり…
★街並みが美しいニューオリンズ ???

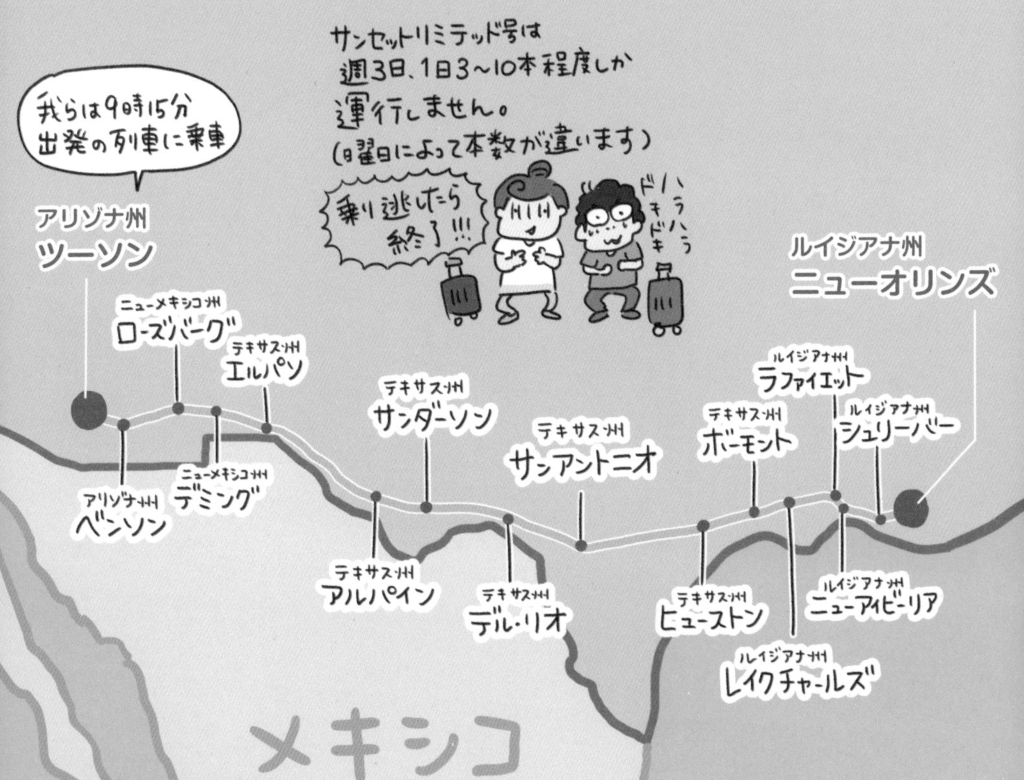

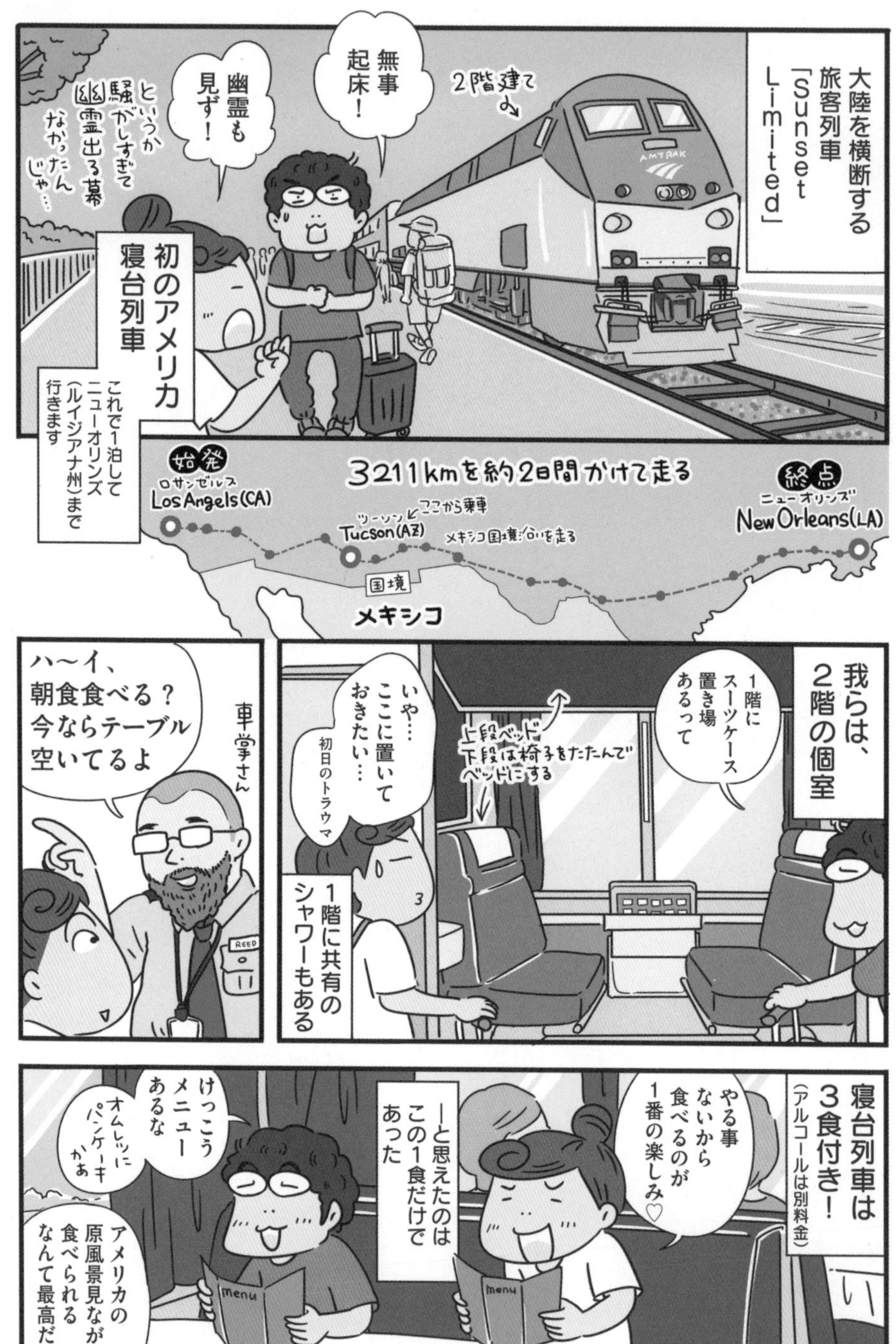

大陸を横断する旅客列車「Sunset Limited」
2階建て
AMTRAK
無事起床！
幽霊も見ず！
というか騒がしすぎて幽霊出る幕なかったんじゃ…
初のアメリカ寝台列車
これで1泊してニューオリンズ(ルイジアナ州)まで行きます
3211kmを約2日間かけて走る
始発
ロサンゼルス
Los Angels(CA)
ツーソン
Tucson(AZ)
ここから乗車
メキシコ国境沿いを走る
国境
メキシコ
終点
ニューオリンズ
New Orleans(LA)
我らは、2階の個室
1階にスーツケース置き場あるって
上段ベッド
下段は椅子をたたんでベッドにする
いや…ここに置いておきたい…
初日のトラウマ
1階に共有のシャワーもある
車掌さん
ハ〜イ、朝食食べる？今ならテーブル空いてるよ
REED
寝台列車は3食付き！
(アルコールは別料金)
やる事ないから食べるのが1番の楽しみ♡
—と思えたのはこの1食だけであった
けっこうメニューあるな
オムレツにパンケーキかぁ
アメリカの原風景見ながら食べられるなんて最高だ〜
menu
menu

行列レベルのおいしさ!!

ひえ～

Amtrak Signature Buttermilk Pancake Trio

Milk

もっち～り パンケーキが3枚

ベーコン

メープルシロップ

予想以上のごはんのおいしさに大満足

部屋に戻り外を見たり話をしたりしていると…

そろそろニューメキシコ州？

いやまだアリゾナ州でしょ

Continental Breakfast

Raisin Bran Crunch

シリアル

オレンジ

ブドウ

OIKOS

ヨーグルト

豪華だな～

ベーコン

クロワッサン

ハ～イ♪

お昼ごはん食べる？
何時にするか？

食堂車が混まないよう予約を取りにくる

もう昼の話!?

Romaine & Goat Cheese Salad
(レタスとゴートチーズのサラダ)

Steamed Mussels
(蒸しムール貝)

マスカットが入っててオシャレ〜!!

あなどれん、列車飯

ムール貝も食べなよ
シェアして食べよう!

ーと言いつつ

ほとんどあなたがたいらげたわね…

目の前にあると食べちゃう〜

あ〜ん お尻がムチムチしてきたぁ

ぷりん

車内放送

右側はメキシコの国境です

こんなギリギリ走るんだ

この小さな柵の向こうがメキシコ…

こうして
ボーっと外を見たり
寝たり
ぐー
展望車に行ってみたり
シャワーに行ったら全裸のおじいちゃんと鉢合わせになり諦めたり
服着て出てこいよ…
よくこんなに何時間も寝てられるな…
カロリーを消費するすべもなく…
夕飯の予約どうする？
えっと…
1番遅い時間で…
あわわわ
うわあ
ごはんがせめてくる～
HA HA HA
アメリカ人と相席である
どこまで行くの？
この2人、友人同士かと思ったら他人だった。お互い1人旅だそう
ニュ…
ニューオリンズです
キンチョー
初めてこの列車乗りました
俺は３回目。この列車すげー好きなの
だんまり
……
注文は決まった？
ここのチキンは最高だぜ
へーじゃチキン下さい
じゃ俺も

これからクソでかい
テキサス州
走るんだぜ
わかる？
テキサス州
デカイ
よなー
テーブルクロス(紙)に書き出した
えっ
そんな
とこに
書く!?
あわあわ
俺もチキン、
パンはライスに
かえて
あと副菜は
こうして〜
ソースは、
あ〜して〜
ソフトフランスパン
こなれてるっ
そこまで
おしえて
くれよっっ
パン好きだけど
そろそろ米も食べたい
それなのに
ロード
アイランド州
小さすぎだろ
そう
なんだよ!!
チョン
New Mexico
Texas
ブハーーッッ
ガハハハハハッ
Thyme Roasted Chicken Breast
インゲン＆人参のソテー
ドレッシング
巨大じゃが芋
タイム風味のローストチキン
アメリカン
ジョーク…
全然わからん…
これ、古典的な
ネタなのかな
上手く返せず
会話終了…
……
…
チキンうまい
テキサス州、車で
走りたかったなぁ
あそここそ俺の中で
アメリカってイメージ
じゃ次
別のルートで
横断しよ
うよ！
……
おやすみ
なさい…
翌朝
えっ
11時だ
寝ていると食事の
予約は来ないので
絶対食べたい人は
自分から申告しに
行こう

お昼ごはんは気になっていたハンバーガー

Natural Angus Burger

車掌さんのオススメに押されて…ベーコン追加

やっぱ肉のハンバーガーうまいな

大量のポテチ

これ、1000kcalあるってメニューに書いてあったよ…

…

そして寝る

今回の旅、列車入れてよかった〜休める…

おやすみ〜…

まだ寝られるの⁉

寝るの大好き

順調に走れば21時頃到着なのだが

長距離列車は遅れるのが当たり前だそう

―にしても遅れすぎじゃ⁉

23時過ぎニューオリンズ（ルイジアナ州）到着

タクシーでホテルまで行っちゃおう

寝台列車に乗ろう

[https://www.amtrak.com]

※色々な路線の長距離列車があります。我らが乗ったのは、ロサンゼルス〜ニューオリンズを結ぶ「SunSet Limited号」。

PREMIUMクラスの
Superliner Roometteという個室を予約。
トイレとシャワーは共有。3食付き。

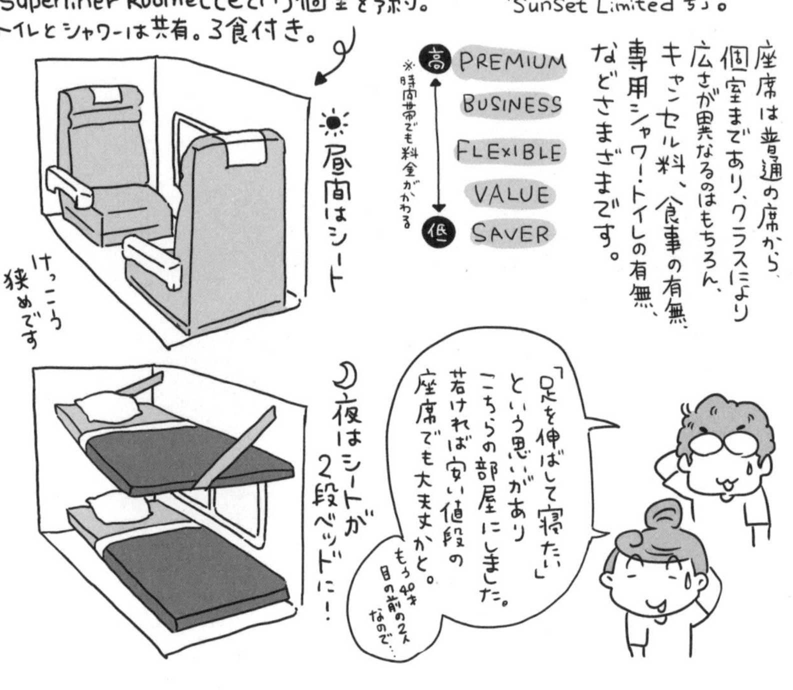

アメリカの飲酒

9日目 フレンチクオーター（ニューオリンズ旧市街）

★ルイジアナの伝統料理に舌鼓
★ジャズの殿堂 PRESERVATION HALL を体験!
★シーフード料理を堪能

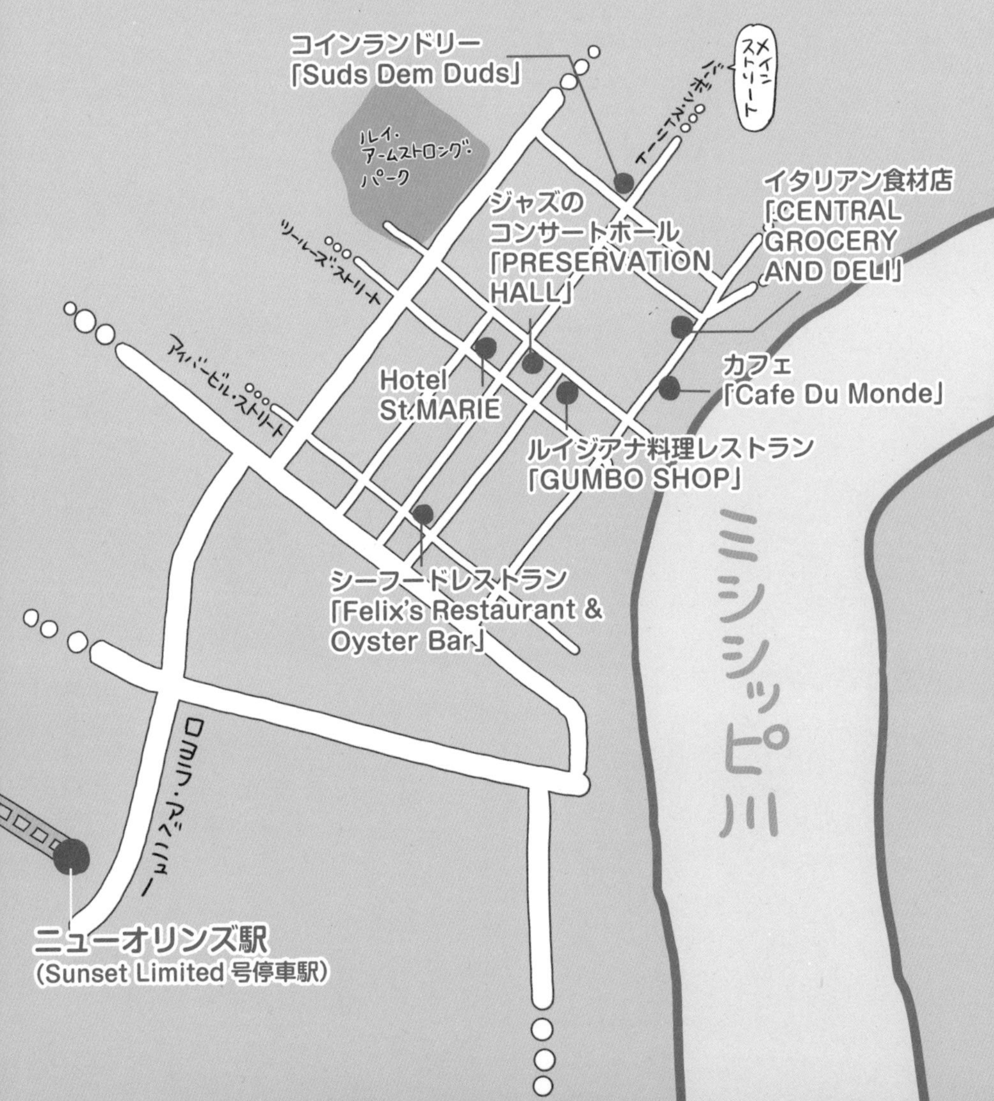

おはよー
期待を込めて
唯一2泊に
したんだけど…
ニューオリンズ大好き！
路上バンド
いてさ、
街もきれい
だし～
友人A
丸1日いた方が
いい！
飯がとにかく
うまいよ！
友人B
昨夜の光景は
幻であります
ように…
アメリカ
ガイド
コインランドリー
寄ってから、
朝ごはん食べ
行こ～
ありさん
何
洗う？
今まで
ホテルで
手洗い
していた
これー
洗濯大好き
家でも
洗濯リーダー
洗濯できるの
うれしいなぁ
どこのコインランドリー
行こうかなぁ
わく
わく
観光地より
コインランドリー
探しに熱心
ありがてぇ
ホテルを
出ると…
うっ
わ…

あとで町歩きしよ〜
かわいい〜
JAZZ発祥の街ニューオリンズ
アメリカでは珍しくフランス植民地時代がありその影響が食や街並みに残っている
町歩き好き
馬に乗ってる警官と街がピッタリ♡
女性警官凛々しいぜ

コインランドリー
昨日のアレは一体…
洗剤どれでもいい〜？
ゴウン
ゴウン
洗濯中に朝ごはんへ
1862年創業「Cafe Du Monde」
24時間営業!? コンビニか…
ワイワイ

アジア人って働き者だよな…
従業員9割アジア人…
ほぼ満席！人気なんだな〜

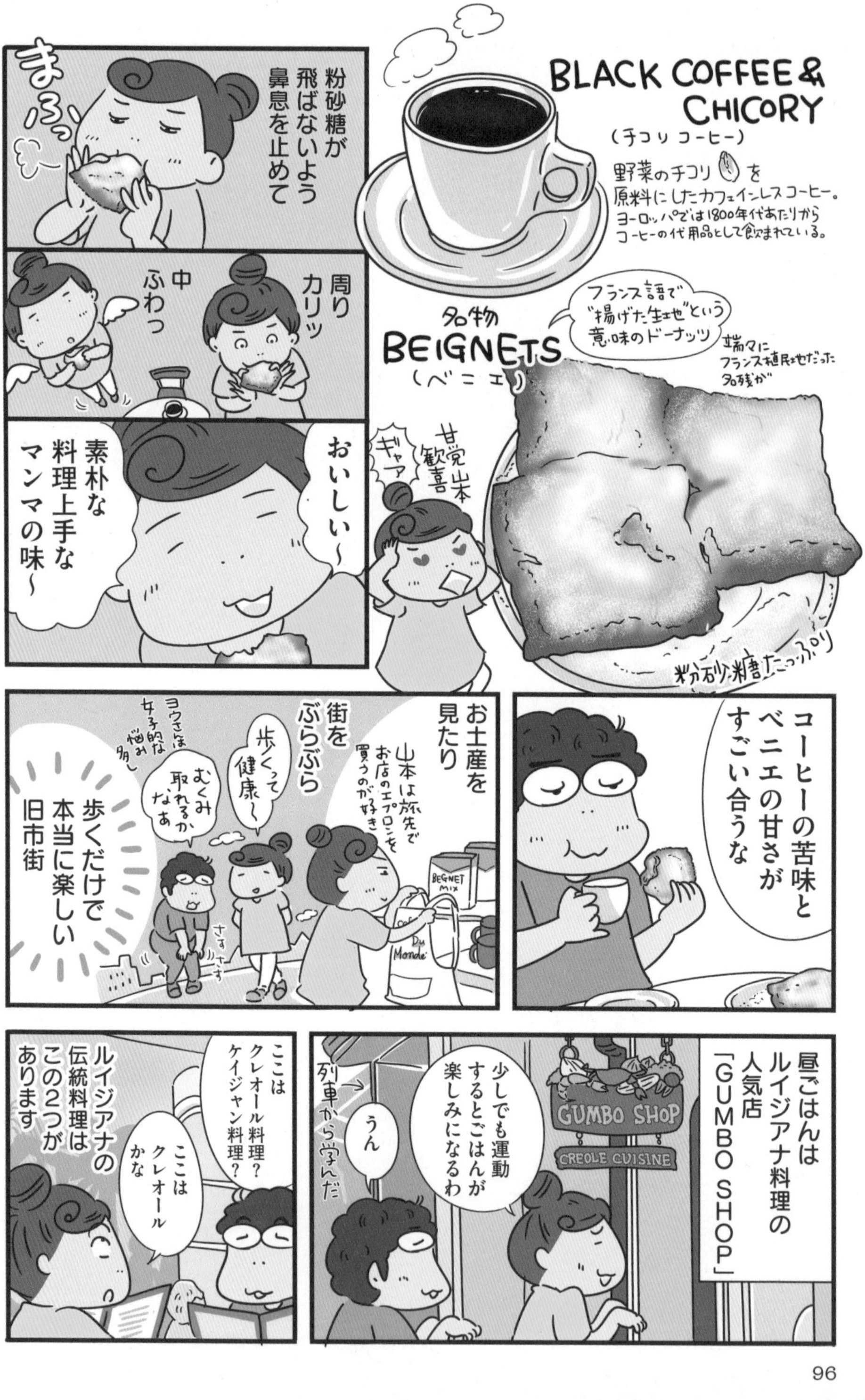

BLACK COFFEE & CHICORY
（チコリコーヒー）

野菜のチコリを原料にしたカフェインレスコーヒー。
ヨーロッパでは1800年代あたりから
コーヒーの代用品として飲まれている。

名物
BEIGNETS
（ベニエ）

フランス語で"揚げた生地"という意味のドーナッツ

端々にフランス植民地だった名残が

粉砂糖たっぷり

まふっ

粉砂糖が飛ばないよう鼻息を止めて

周りカリッ

中ふわっ

おいしい〜

素朴な料理上手なマンマの味〜

甘党山本歓喜

ギャア

コーヒーの苦味とベニエの甘さがすごい合うな

お土産を見たり

山本は旅先でお店のエプロンを買うのが好き

BEGNET MIX

Du Monde

街をぶらぶら

歩くって健康〜

むくみ取れるかなあ

ヨウさんは女子的な悩み多し

さすさす

旧市街歩くだけで本当に楽しい

ニューオリンズって名物の食べ物多いんだよね
できるなら全部食べたい

フランスの植民地だった事もありパンおいしい！

SEAFOOD OKRA GUMBO
シーフードオクラガンボスープ
フランスパン付き

とろ〜り

野菜や魚介のダシがしっかり出てる！

温かいもの食べると安心するな…

お米、エビも入っている

久々の温かいもの…

両方とも見た目がくどそうでイマイチなんだけど味とのギャップがすごい

CREOLE COMBINATION PLATTER

優しいあっさり味！こっちもすっごいおいしい〜

ほわ

ほか

シュリンプクレオール

ジャンバラヤ
レッドビーンズ

ニューオリンズ発祥カクテル
HURRICANE
(ハリケーン)
おいしい！さわやかな味だ〜
ゴク ゴク ゴク
チェリーとオレンジ
見た目がキュート♡
トロピカルジュースとラムのカクテル
—が、
ヤバイ…
バタッ
お酒が強いヨウさん撃沈
「ハリケーン」ってアルコール度のことか…
ちびっ
ホテルで休んで…
30分だけ…
大丈夫ですか…
2軒目へイタリアン食材屋「CENTRAL GROCERY AND DELI」
ここのサンドイッチも名物なんでしょ⁉
ありさんパン好きだし食べよう
え あ、うん…
復活はやいな…
CENTRAL GROCERY
Muffuletta
ひょうひょう
この店発祥のサンドイッチ
MUFFULETTA
(マファレッタ)
ドン！
でかっ
店内のイートインスペースでいただきます
イタリアのパンフォカッチャ
オイル漬けオリーブ
サラミ、ハム、チーズ

塩気ガッツリ！
完全につまみだな
ビール…

こんなに食べてて大丈夫なの？
太るって気にしてるじゃん…
目の前にあるとダイエットの意識がどっかにいっちゃって…
あぁぁぁ…
あと…もう旅も後半だし体験し残しがないように焦り始めたのもある

洗濯物を取りに行きぶらぶらしていると…
町歩き大好き

わわっ
ジャズバンド〜〜!!

なんかもう、旧市街の雰囲気も合わさってテーマパークみたい…

夕方にやって来たのは1961年オープンジャズの殿堂「PRESERVA-TION HALL」
PRESERVATION
HALL
ぞろぞろ

楽しみ〜本場のジャズ！
昼間にチケット買っておいてよかったねー

エアコンもない古い建物、飲食の提供もなし
音楽だけを楽しむコンサートホール
JAZZ BAND

この雰囲気で聴くクラシックジャズ…
JAZZ BAND

当時にタイムスリップしたよう

かっこいいいねぇ
すごい

Last song〜〜〜〜〜〜〜
Excuse me〜〜〜〜〜〜

Ok!
なんと最後はお客さんのリクエストで

ジャズのスタンダードナンバー『聖者の行進』に！
しかも大合唱！
Now when the saints

ジャズ発祥の地で一番有名なホールでライブを聴いてるなんて夢みたい…
映画のよう…こんなこと本当にあるんだ…
大感動でありました

帰り、看板猫で猫欲を満たす
ニケちゃま(愛猫)は何やってるかなぁ
ナデナデ
「母へ…ニケちゃまの写真プリーズ…」―と
旅行中は母がみてくれている

夜になるとバーボン通り(メインストリート)はお祭り騒ぎ
ギラ
ギラ
ギラ
USIC
BAR
ワイ
ワイ
ワイ

どこのバーでもライブやってるね
Yeah~~!!
ドコドコ
ドコ
意外にもロックが多い。ジャズは…?

わわっ 2階からネックレス投げてくるよ!
ポイ
ポイ
ポイ
ポイ
BAR

これって2~3月の謝肉祭カーニバルでやるやつじゃ…
関係なし!?
昼と夜の雰囲気が全然違う…
つけてる
ジャラ~
ジャラ~

これがいきすぎて昨夜のアレか…

シーフードのお店「Felix's RESTAURANT&OYSTER BAR」で夕飯
人気店はどこも行列だな
ニューオリンズはシーフードがおいしいことで有名
せっかくだから並ぼう
30分ほど並んでようやく入店
今日も1日おつかれさまでしたー
生牡蠣かあ!!
あたると怖いなぁ…
でも大好物
名物だよ!
食べようよ大丈夫だって!!
Oysters please
超心配性
じゃ少しだけ…
牡蠣のオーダーがすさまじいのでマシーンと化して殻を開けている従業員
OYSTERS
(生牡蠣)
チリソースにつけて食べるのがまた絶品!
と言いつつうまっ何コレ!!
1個食べたら何個食べても一緒か!
あたる時はあたるし
てゆうか大丈夫だよ!
心配しすぎ

GRILLED OYSTERS
(焼き牡蠣)
フランスパン
このガーリックオイルがまたあうな～！

でも一応、強めのアルコールと一緒だとあたりにくいって聞いた事あるから…
↑謎の理論
セロリ
ライム
レモン
エビ
インゲン
チリ
ここにも生牡蠣
DELUXE BLOODY MARY
ウォッカにトマトジュース…
チリの辛みも
あって複雑な味…
チビチビ飲むのがいいわ

BBQ Shrimp
フランスパン
エビも最高！BBQソースとの相性バツグン！
ほかほか
Seafood Gumbo
スープ大好き
ガンボスープ…ハマるな…
あつあつ

Creole Pecan Pie
アメリカ南部の定番スイーツ
(ピーカンパイ)
ぎっしりピーカンナッツ
コーンシロップ、砂糖、バターを混ぜたジャムみたいなもの
う～ん甘い…♡
本当に美食の街だね…
日本で食べられない味ばっかり

めっちゃお腹いっぱい…
はちきれる…
「ポーボーイ」ってサンドイッチも名物なんだって！
ありさんに食べてもらいたい
いや…もう入らん…その気持ちだけで十分よ
ヤダ〜
え〜!! 食べないの!? オレ1つは食べられないんだけど
「やめる」って選択肢つくって…

10日目 ニューオリンズ→オカラへ

★レンタカーの旅、後半編スタート！

「Just Married」と
手書きされた新婚さんの
車が走っていて何かいいなと思った。

同じアメリカでも
アリゾナ州の砂漠に対して
フロリダ州は緑がわんさか！

走行距離
約906km

ファミレス
「Cracker Barrel Old Country Store」

ポンチャートレーン湖

10

75

ルイジアナ州
ニューオリンズ

フロリダ州
オカラ

今日から
後半の
レンタカーの旅
再開！
前半と同じ
日本車だと
いいんだけど
なあ…
Car
and
Truck
Rental
またお世話に
なります

外車か‼
ええっと…
エンジン…
ウィンカーってのどれだ…
車に関して
役立たず
なんとか
午前中に出発

明日はオーランド
（ディズニーワールド）
なので今日は移動日
ニューオリンズから
オーランドまでは638マイル
（約1062km）
オカラまでは563マイル
（約906km）
ニューオリンズ
オカラ
フロリダ州
オーランド
iPad
一気にオーランド
まで行けるか
不安なので
今夜はオカラに
泊まることに
オカラのモーテル
とりました～
夕方には到着
するよう頑張ら
ないと…
旧市街を出ると
かなりシティ感がある

これ、
ミシシッピ川か
ここ渡るの
楽しみだったん
だよな～
トムソーヤが
川下りした
ミシシッピ川～

え、
これ
ポンチャートレーン湖だよ
キラ
キラ
キラ
うそ！

ミシシッピ川は
列車ですでに
通ってる…
ショックゥ…
俺、寝てたのか…

アメリカンファミレス
「Cracker Barrel Old Country Store」で休憩
BISCUIT FRENCH TOAST WITH SWEET BLACKBERRY TOPPING
ベーコン
スクランブルエッグ
ブラックベリーソース
フレンチトースト
COFFEE
アメリカのコーヒーは
なぜか薄め…
大量のミルクと
砂糖を入れると
いい感じになる
甘しょっぱいの
本当好き…
あと何食
食べられる
だろうか
なんて
旅の後半を
実感

どう？
オカラには無事
着きそう？
この感じなら
いけるな
列車移動
入れたから
身体も休めたし
運転って
ボーっと
色んな事
考えられて
嫌いじゃない
主に人生について考える
てゆうか

もしかして
オーランドまで
行けたかも
しれない…
ナニー!?
それならディズニーに
もっと早く入れたのに…

でも
オカラまでの
ほうが気持ち
ラクだから
宿も
とったでしょ
―というわけで
やっぱりオカラで
一泊することに

モーテル、ケチりすぎたかなぁ…
オカラ市内の激安モーテル頭文字「G」
ガチャンガチャン
ガチャンガチャン
ガチャンガチャン
あの人達何であんなことを？
ヤベェ…
ガチャン
裏庭の工事をしている屈強な男達がドアノブを引っぱりながら歩いている

夕飯は近くのスーパーで調達
サラダ、ピラフ、スペアリブなど
ピザ
ビール
オカラの治安調べたけどそんなに悪くなかったんだけどなぁ～
サラブレッドの産地で有名らしい
へー…

あの男の人達が夜来たらどうしよう…
さよならディズニーワールド…
もぐもぐ
もぐ…

ーで、明日だけどディズニーに何時に着きたいの？
1時間半くらいで着くけど
楽しみ～♡何乗ろうかなあああ～ディズニー♡
ディズニー大好き山本
聞いてる？
ディズニー普通のヨウさん

11日目 オカラ→オーランド（ウォルト・ディズニー・ワールド・リゾート！）

★ハリウッド・スタジオ
★インディ・ジョーンズ
★タワー・オブ・テラー
★ロックンローラー・コースター
★ファンタズミック

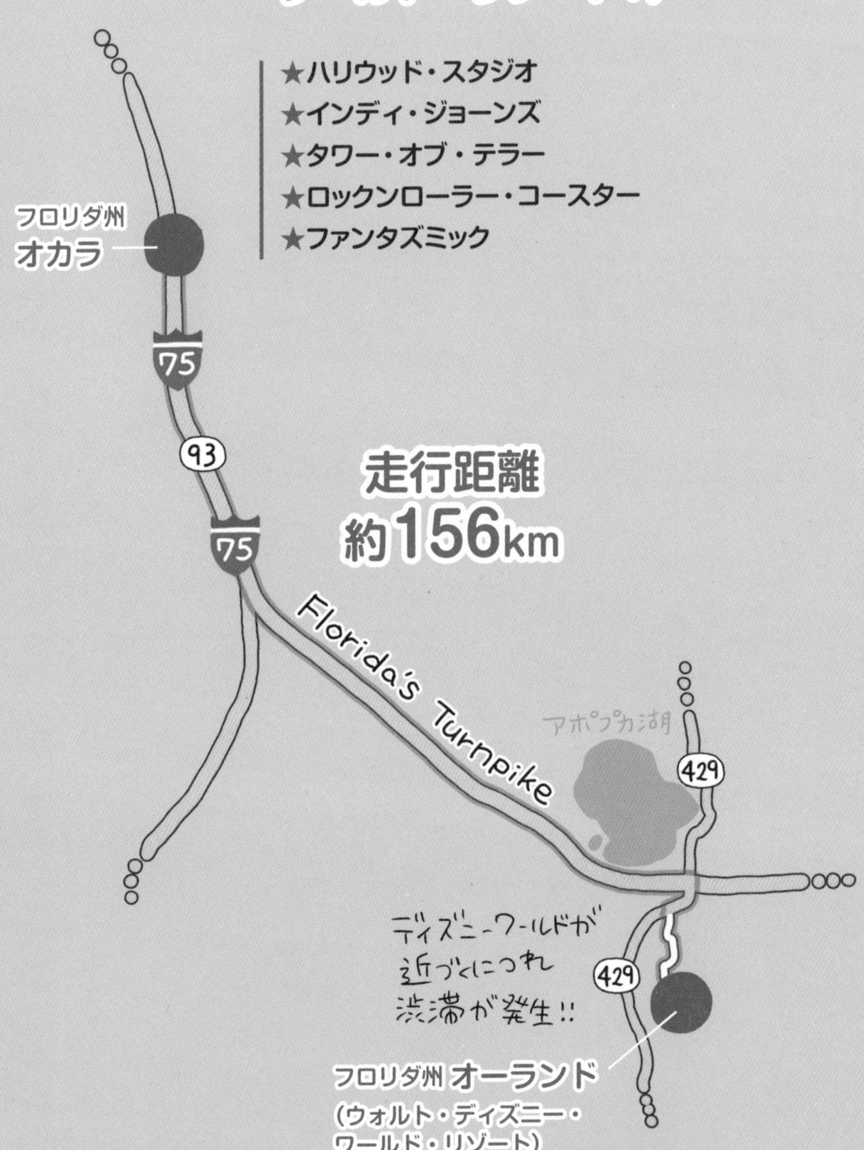

7時半
オカラを
出発し
山本念願の
ウォルト・
ディズニー・
ワールド・
リゾート
（フロリダ）へ
ぶーーーん
『スターウォーズ』の
レイヤ姫を意識した
髪型に。

ホテルで
チェックイン
した時に
パークの
チケット
もらえるから
じゃ
先に
ホテルね
規格外!!
ドーン
総敷地面積122km²!!
東京ディズニーリゾートの約112倍!
山手線が2つ入るくらい!
愛媛県の伊予郡と同じ大きさ!
この
大きさの
すごさ
わかる
かな?
うまく
説明
できない
マジック
キングダム
東京ディズニーランドの
モデルになったパーク
ハリウッド
スタジオ
エプコット
アニマル
キングダム
タイフーン
ラグーン
ディズニー・
ブリザード・
ビーチ

友人に
とにかく広くて
1日で回れない
全部回るのに
1週間かかる
ーと
言われ
たのだが、
ツアーで行った
1週間?
どういう
こと?
今回、行くことになり
理解した
もう
街やん
★全部で6パーク
敷地内に直営ホテルや
ゴルフコースなどもあり、
各所の移動は
主にモノレールか車(バス)

出発前から山本のディズニー戦線は始まっていた
1日目は午後〜閉園まで。2日目は午前中しか遊ぶ時間ない！
ブツ
まずどこのパークに行くか
ブツ
ブツ
ブツ
あとハリウッドスタジオのファンタズミックっていうショーね！
花火あるし本場のマジックキングダムは押えたいんだよ
ブツ
どっちを先に行くか…
1秒でも多くパークにいたい!!!
ブツ
だからやっぱ直営のホテルが効率いいよね
ああ…ホテルもいっぱいある…
どう思う!?
ファンタ？マジック？
何言ってるかわからないから全部任せるわ
え!! いいの!?
ありがたいことにヨウさんは〝ディズニー普通〟なので
私主導で好きなところに行ける！見れる!! 食べられる!!! 泊まれる!!!!
おっしゃあ〜!!!
ズダダダダッ
仕事の100倍の集中力発揮
別冊太陽
ということでまずは「ハリウッド・スタジオ〜」!!
WELCOME
ハーイ
これがチケットなんでしょ
ホテルでチェックインした時に渡されたマジックバンド（リストバンド）
直営ホテルの「Disney's Contemporary Resort」

そう
パークチケット、
ホテルのルームキー、
ファストパス情報
クレカ情報…
全部入って
るんだって…
文明の利器
だな…

感動と、
〝失くしたら
一巻の終わり〟
という不安で
震える…
しいて言えば
もっとハデな色のが
良かった
ブル
ブル
ブル
ブル
ブル

焦りすぎて認証が
うまくいかない山本
なんでー!?
早く
入りたい〜!!
おちついて
ゆっくり
タッチして
…
バタ
バタ

入園

まず
どこ行くの？
ちょっ
ちょっと
待って
嬉しすぎて
地図が
頭に
入らない
と、
と、と、
とりあえず…
MAP

歩く!!
え

10代の頃は
乗りもの〜!!
パレード〜
いくつ制覇したかがステイタス!!

30代の私…
ここにいるだけでもう満足…
夢の国の住民
子供の頃の純粋な気持ちに戻るような気がする

―と言っても乗ります
インディ・ジョーンズ
お客さん参加型ショー
アメリカ人積極的だなぁ
タワー・オブ・テラー
フリーホールの乗りもの
ムンクの様なひどい写真撮られた
エアロスミスが主演するロックンロラー・コースター
スピードに圧倒される
これがアメリカのビッグファイティング精神か!!!
ダーン!!
ハァハァ
イィネ…
イィネ…
俺、ディズニーで休もうと思ってたんだけど…
無理だ
楽しみたい精神

1時間は覚悟
していたのだが
なんと
キャンセルが出た！

ラッキー

店内に入って
感動…

す、すごい…
再現度のクオリティが高い!!
昔のSF映画が流れている
座席がクラシックカー

Sci-Fi Barbecue Platter
そんな夢の空間でごはん…
チキン、リブ、ソーセージなど、バーベキューミートの盛り合わせ
Oven-roasted Turkey Sandwich
（ターキーサンドイッチ、フライドポテト）
ヨウさんのものすごいね…
これは1人分なのかな?
コーンブレッド、コールスロー、チリコンカン

ディズニーワールド自体非日常なんだけどさらに非日常っていう…
なんかもう…
私生きてるのかな…
当時のティーンエイジャーもこうやってデートしてたのかあ
THE END
CARTOON

支払いはもちろんマジックバンド
ピッ
あっあっ

そう思うと逆に買えない…

燃えあがる炎！
パワフルな水しぶき！
大胆なライト演出！
そして…異常に豪快な動きのミッキー!!
This is America!
肩とかすくめない銃も軽手っちゃう「漢」って感じ…
メラメラ
ブシャー
これが…本場…

本物を見させていただきました…
アメリカのエンタメレベルすごいなー…
ズーーン…
ライトセーバーで誘導しているのが良かった
This way
ブオン
ブオン

ホテルに戻ると
ナイスタイミング
ホテル
マジックキングダムの花火だ～

この日が終わってほしくない…
山本はそう思った1日でありました
この人はどうだか…

フロリダ
ウォルト・ディズニー・ワールド・リゾート

[https://disneyworld.disney.go.com]

※公式サイトです。
開園・終園時間、
アトラクション情報など
全てはここに!!

我らには限られた
時間しかない!
パーク内を最短で
移動できるホテルと
アトラクションの
ファストパス
(事前予約)は必須!

いくつかある中で選んだのが
「Disney's Contemporary Resort」

パークチケットは
アカウントを作り
公式サイトで購入。
直営ホテルは
「Expedia.co.jp」
(旅行関係の
オンライン予約サイト)で
取りました。

公式サイトのアカウントに
宿泊する直営ホテルを
リンク(登録)すれば
ファストパスがなんと
60日前から取得可能!
(これ以外にもサービスが
あるので絶対リンクした
方がよいです)

ぐっ

それを全部救ってくれたのがこのサイト
「tdrnavi」の、攻略ガイドのページ!!!

[https://tdrnavi.jp/guide/wdw] ※日本語サイトです!!

サービスや各パークの特徴など、最大限楽しむためのノウハウが
詰まっているので隅々まで読みましょう!

念願かなっての WDW！

ホテルのど真ん中に停車する**モノレール**（これが各パークを巡ります）。これが本当の**駅直結**。

園内を「スターウォーズ」のキャラクター **ストームトルーパーがうろうろ**している。

入園記念にもらえるバッチと水を浴びるアトラクションでは協賛の会社が**ファスナー付き保存袋**を配ってくれた。こんなかわいくて、全部無料!!

マジックバンド。次回行く時もまた使えるそう！てゆうか次回はあるのか…。

ドライブインシアター体験。山本以上にヨウさんが感動していた。

寝台列車で一泊二日

グランド・キャニオン：物凄い迫力。「THE 地球！」という感じがする!!

ツーソン：泊まったホテルは映画にもなった有名な**ジャングジョン・デリンジャーが捕まったところ**だとか。ポスターが貼ってありました。

ニューオリンズ：コインランドリー「**Suds Dem Duds**」で洗濯。ホテルまで洗濯物を届けてくれるサービスもあるそう。

寝台列車：展望車両は窓が大きく、椅子もゆったりでとても快適。

相席になったアメリカ人。

ニューオリンズ：ホットドッグ屋台がものすごくかわいい…！

独自の進化を遂げたニューオリンズの料理。何を食べても絶品！

12日目 オーランド→マイアミビーチへ

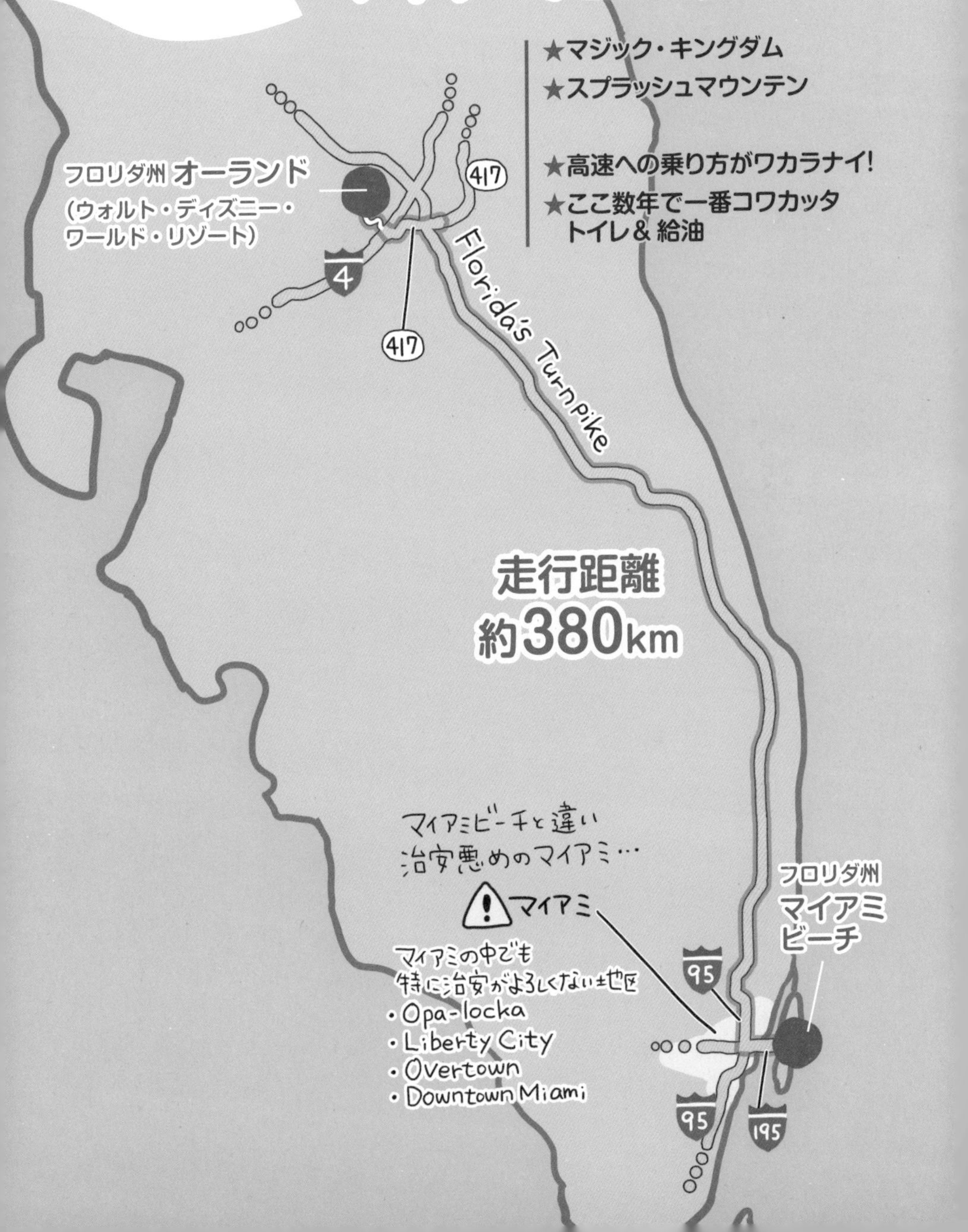

★マジック・キングダム
★スプラッシュマウンテン

★高速への乗り方がワカラナイ!
★ここ数年で一番コワカッタトイレ＆給油

フロリダ州 オーランド
（ウォルト・ディズニー・ワールド・リゾート）

417

4

417

Florida's Turnpike

走行距離
約380km

マイアミビーチと違い
治安悪めのマイアミ…

⚠マイアミ

マイアミの中でも
特に治安がよろしくない地区
・Opa-locka
・Liberty City
・Overtown
・Downtown Miami

95

95

195

フロリダ州
マイアミビーチ

今日来たのは
ピッ
ドヤッ一発やぞ
「マジック・キングダム」

似てるけど東京じゃな～い
ブラボォ
朝から元気だね

楽し～♡
歩いているだけです
この時ハロウィン装飾でした

それにしても朝イチって(9時)こんなに空いてるの!?
スプラッシュマウンテン誰もいないじゃん
ガラーン

暇そうだった
クマと写真
撮ってもらう
ガッ

ギリギリギリ…
ありちゃん
こっち見て〜
アメリカの
クマ…
腕力
ハンパない…
This is America…
ギリ…

ひとしきり
遊び
スペースマウンテン
1人乗り!
TDLは2人乗り
ゴーーッ
スプラッシュマウンテン
空いていたので
1台に1グループの
贅沢使い
ザパーーン

東京ディズニー
ランドに
今はない
ゴーカートに
うるっとして
小学生の頃
よく乗ってた
なぁ…
ノスタルジ〜〜

幸せ…
ここに住み
たい…
野性のリスがいる

そろそろ
13時だし
出よう
魔法が消える
その言葉…
辛い…

マイアミビーチまで
3時間半くらい。
都会だから
暗くなると嫌
なんだよね…
わかった…

また
来るよ～!!
ブーン
こうして15時頃出発したものの

えっっ
今の所で
高速
乗るの!?
Uターンできる
ところある!?

別の行き方で
調べてみるよ
カーナビと
グーグルが
違う道
誘導して
くるな～
道を
間違え

すごい
遠回りだぁぁぁ
夜になっちゃう
よ～!!
迷いに迷い
焦った結果…
ブーンッッ

免許見せて～。
ちょっと
飛ばしすぎだよ
制限速度知ってる?
Yes…
警察に止められる
POLICE
気をつけてね
注意だけで済んでよかったです…

なんかちょっと
平常心に
戻ったわ…
注意されて
良かったというか…
うん
事故ったら
しゃれに
ならんしね…
予定より
1時間遅れて
高速道路に
やっと…
ブーン

フー…
あ
トイレに
行きたく
なりそう…
でも予定より
遅れてるし
ガマンできなくは
ないしな…

こうして走り続け2時間
もうすぐ
マイアミか
都心が
近いから
車も
ふえて
きたし
運転も
荒い～
心臓
バクバク
これは到着が
もっと
遅れるんじゃ…
ヤバイ…
トイレ行った方が
いいかも…
フロリダ州って場所に
よって治安良くないから
不安なんだけど…
あの、
寄れたら
ちょっとトイレに…

じゃあ
ガソリンも
入れるから
降りよう
降りてすぐ
スタンドの所って
あるかな?

探してみるも…
うっわ!
この辺りの
ジャンクション
複雑すぎる!!
なんだこりゃ!?
俺、降りられる
かな…
私もナビ
できなそう…
比較的わかり
やすいとこを
探すわ!
ぐにゃ
ぐにゃ
Googleマップ超拡大

我ら、
てきとうに
降りすぎた…
キキーッ

すいません…
トイレかして
下さい…
ムキムキ
ボディに
タトゥーー
だらけの
客が…
ハイ、鍵ね
防犯の
ため
鍵つき
トイレ、
レジは
防弾
ガラス

そんな
人達
だらけ
ヤバイ
ここは…
ヤバイ
めっちゃ
見られる
喋るのも
怖いので
目で会話

早く!!
早く!!
トイレ〜
Rest Room
早く!
早く!
給油〜

脱出!!
逃げて〜
ブらろーンッ

何だ…
あそこ…
ここ数年で
1番心拍数
上がった
わ…
一気に
疲れた…

20時マイアミビーチのホテルに到着「The Odyssey of South Beach Hotel」
遅くなっちゃった
いいよ〜 無事着いたし
Odyssey Hotel of South

安心したらお腹すいてきたな〜
そう！今日うちらまともに食べてないのよ！
ディズニーのアイスと車内でお菓子だけ…

マイアミビーチはセレブの別荘があるリゾート地でーす
走ってる時ナイトクラブもいっぱいあったね
ラスベガスをすごく小さくしたような…
アメリカガイド

南米に近いから南米料理が名物らしいよ
いいねー 南米！

ということでコロンビア料理「Bolivar Restaurant Bar」へ
とりあえずコロンビアビールでかんぱい！
AGUILA
POLAR

疲れてるからメニュー読むの辛い…
最後の力をふりしぼって…
海沿いだから魚介がいいな〜
menu

CEVICHE（南米名物の魚介マリネ）

柑橘系の酸味サッパリ～

上品な味!!

※のクラッカー、イカ、エビ、豆、ジャイアントコーンなど

MOJARRA CARTAGENERA

これうま…

組み合わせが絶妙だ～！

甘いココナッツライス

クロサギ科の魚のフライ

緊張感から解放され涙が出るほどおいしい…

13日目

マイアミビーチ→
キーウェスト
(ゴ〜〜〜ル!)

★朝の海辺散歩とサンドイッチ
★全長 182km のハイウェイ
オーバーシーズ・ハイウェイ!
★ヘミングウェイの邸宅で幸運の猫に会う
★そして、いよいよアメリカ最南端
サザンモストポイントへ

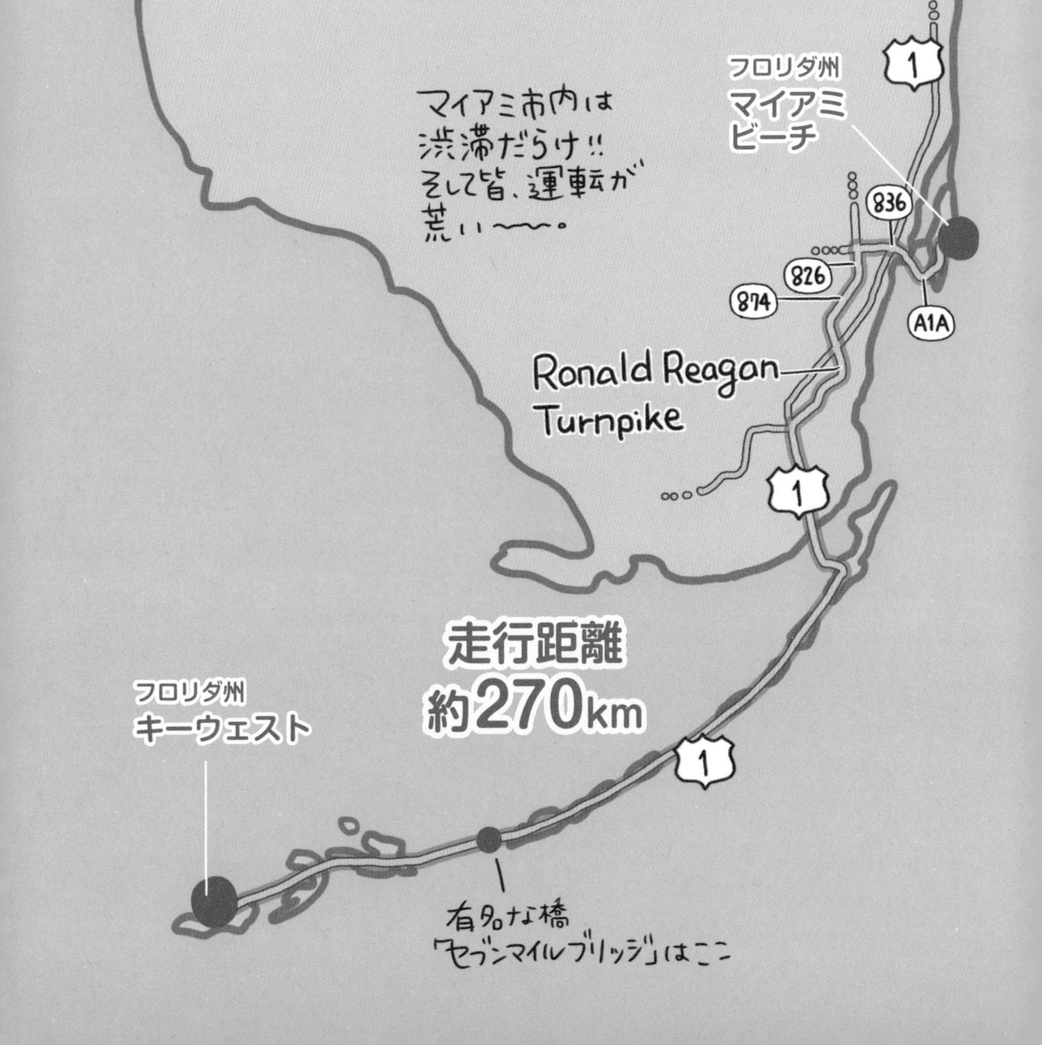

海っていいねえ
ザザー
ザーン

最高だよ…朝の海散歩…
心が穏かになる…気がする

山本20代の頃は
わーい
夜にテンション上がる！
夜に息を吹き返す！
友人
終電で集合
―という感じだったが

歳とともに…
朝、最高！
ザー…
俺は昔から朝のが…

TROPICAL
（トロピカル サンドイッチ）
トマト　レタス
アボカド　きゅうり
パパイヤ　マンゴー
パイナップル
モッツァレラチーズ

フランスパン

フレンチドレッシングをかけて食べる

SMOOTHES
MIAMI SUNSET
ラズベリー、オレンジ、パパイヤ、マンゴーのスムージー

La Sandwic

THE南国！って感じ

おいしい〜!!
瑞々しいフルーツと
フレンチドレッシングが
最高に合う！

中学生くらいのキッズが作ってくれた
店員の息子かな…？

重量あるけど
具が軽いから
食べられるね

起きて海沿い散歩してサンドイッチ食べて1日が始まる…
こういう毎日すごしたい…
私だってそうしたいよ
そういえばマイアミビーチって肥満※ランキング全米1位らしいよ
俺、ここだったらガリガリだよね♪
ここ…だったらね…
ズンズン
ズンズン
※『メンズフィットネスマガジン』調べ
それでは
アメリカの最南端キーウェストへ!
もう明日の朝帰国かぁ
前半長く感じたけど後半あっと言う間に終わる…
ゴールにたどり着いてしまう嬉しさと寂しさ…
まだあるから寂しがらないでよ

今日は無事高速乗れたから13時半には着くかな
マイアミビーチと違いマイアミは超高層ビル街！
新宿に江ノ島がくっついてる感じ
マイアミビーチ
マイアミ
こうしてずんずん進み
どこが一番運転楽しかった？
アリゾナかなあんな所、日本にないしね〜
おぉー
ここがっ…
オーバーシーズ・ハイウェイ!!
全長182kmのハイウェイ（国道1号線）
フロリダ半島からキーウェストをむすぶ42本の橋からできている。中でも有名な橋がセブンマイルブリッジ（全長10・887km）
ここでヨウさんキャロルキングを流しはじめエンディングの雰囲気を出す
いいでしょっ。ドヤ
フロリダ半島
各島々に住宅街や市街地が点在
この辺りがセブンマイルブリッジ
キーウェスト

島内の家のポストかわいい〜
魚や
アザラシ
どの家もメルヘン…♡

うーん…アリゾナ州は砂漠だらけで同じ国なのが信じられない

このまま天国に続いてるみたいだわ…
プゥ〜〜
ロマンチスト〜
うふふ

着いた〜キーウェスト
15時だからまだ色々行けるな

「Truman Hotel」にチェックインを済ませて
Truman hotel

よし行こっ！
さっそく向かったのは

アメリカ出身の文豪ヘミングウェイが晩年を過ごした邸宅
「The Ernest Hemingway Home & Museum」
ずいぶんセンスが良い家だなー
書斎のある別館と中庭とプールもある
小説書く才能あって美的センスもあって、何なのー!!
学生の頃、ヘミングウェイをよく読んでいた

現在、この邸宅には猫好きだったヘミングウェイが飼っていた猫の子孫が暮らしており
ヘミングウェイは飼っていた猫全員に名前をつけていたそう。"ラブスポンジ"や"ゴロゴロ工場"など、ネーミングセンスに脱帽…！
50匹近くいる
猫のために作った水飲み場
ヘミングウェイのベッドで爆睡
お墓もちゃんとある
1986〜1997
TIGGER 1990〜1997
優雅な猫家敷じゃん♥
観光客が入れない部屋でまったり…
とてつもなく癒される…

この子、幸運の猫だ

この子もだね
ヘミングウェイが飼っていた猫の中に"スノウホワイト"という名前の6本指の猫がおり、その子を「幸運の猫」と呼んでいた
ご利益ご利益
この子もじゃない？
スノウホワイトのDNAを受け継いだ猫も多くいる

猫欲
満たさ
れた
ここで
『誰がために鐘は鳴る』と
『キリマンジャロの雪』を
書いたのかぁ
いろんな角度から楽しめます

アイスクリーム屋
「TRUVALI ICE
CREAM&
TREATS」で一息
キーウェストは
キーライムパイが
有名だから
キーライム
アイスにしよ〜
キーライム
メキシカンライム

さっぱり
してて
うま〜
キーライム
パイ!?

どこで食べら
れるの!?
さあ…
暑いし私は
パイよりアイスの
キーライムで
満足だよ

なんでよー
名物食べ
ないのー!?

キーウェストの
街をブラブラ
片田舎な
かわいさが
たまらん〜

ハトの様に
野性の
ニワトリが
道を闊歩
なごむ…

バイク気持ち
良さそ〜
ブーン
フロリダ州は
ノーヘルOK

あと行くところは…
本当のゴール！

アメリカの最南端、「サザンモストポイント」へ

つ、ついに…

終わる!!
ゴールは…

大行列！
やっぱり皆来たいよね

1.2.3～
後ろに並んでいる人が撮ってあげるシステム
この助け合い精神…
日常生活でも忘れないでいたい…

そして

いよいよ

…

ゴール

横断達成!

1、2、3～

THE CONCH REPUBLIC

90 Miles to CUBA

SOUTHERNMOST POINT

CONTINENTAL U.S.A.

KEY WEST , FL

夜はヘミングウェイ
行きつけだった
有名BAR
「SLOPPY JOE'S
BAR」へ
SLOPPY JOE'S
SLOPPY JOE'S BAR

この人、何枚
撮ってくれるん
だろ…
真ん中に寄って
もう１枚〜
OK〜
パシャ
パシャ

バンドも
やってて
盛り上がって
るねー
ジャーン
ドンドコドコ

ヨウさんこういう所
苦手そうだけど
「ヘミング
ウェイ
モヒート」
プリーズ!!
積極的に
オーダー
基本小声の人
ジャカジャカ
ジャーン
バーン
ドッ
ドッ

到着した達成感と
ヘミングウェイに
テンション
上がってるな…
アンド
「パパダブル〜！」
ダーン!!
ズンズン

では
最後の
かんぱい

Hemingway Mojito featuring Pilar Rum
(クラッシックスタイルのモヒート)
ヘミングウェイはモヒートも好き
釣りをするヘミングウェイの写真が転写されたカップ
Papa Doble
(ラム2倍、砂糖抜きのフローズンダイキリ)
ヘミングウェイ(愛称「パパ」)が好んで飲んだことからこの名前になった
SLOPPY JOE'S
ヘミングウェイから祝福の声が聞こえる
オメデトー
濃いけど飲みやすい〜

旅の終わりで飲む酒のおいしさ…
く〜〜〜っ
SLOPPY JOE'S
A KEY WEST TRADITION
SINCE 1937
Frozen Local Rum Rum Runner
(キーウェストのローカルラム ブラックベリー、ブランデー、バナナリキュール、フルーツジュースのオリジナルカクテル)
Sloppy Ginger
(ウォッカ、ライム、ジンジャービール)
最後だと思うと止まらん…

島はやっぱりシーフード!
蒸しエビ
カクテルソース
ライム
Peel & Eat Kay West Shrimp
プリプリで甘い!
クラッカー付き

すごい量!!
最後に1品アメリカっぽいもの食べたいな
MENU

Sloppy Joe's Pizza
名物
甘めのミートソース
チーズ
トマト
厚めのピザ生地
何これ めっちゃ おいしい
超ボリューミー
やだ〜 止まら ない!!
直視できない…

※ホテル〜空港は車で10分

ゴール！ここが最南端!!

アメリカの最南端。後ろに並んでいる人に写真をお願いしているところ。

6本指の幸運の猫ちゃん。指を見せてくれるのです。

道中で**PressedPenny**（コインを入れレバーを回すと名所の模様などがコインにプレスされる機械）を見つけると必ずやる。思い出になるのでオススメです。

プレスして作ったコイン。

街中はどこでも絵になる**おしゃれで可愛い街**。アイスクリーム屋。

家に自転車が止まっているだけで絵になる…。

マリリンモンローのオブジェが目印の映画館。

14日目

レンタカーを空港に返し
置きっぱなしラク～
今日起きれるか怖くて熟睡できなかった
そんなに心配性なのによくひとりで旅行行くわね…
帰国便へ
飛行機小さ～
あんまり小さいと不安になるよね…

キーウェスト国際空港
フォートローダデール ハリウッド国際空港
シカゴ・オヘア空港
羽田空港
約22時間の長旅!

アテンションプリーズ
本当に終わった…
達成感あったな～

最初はあの距離運転できるか不安だったけどできるもんだね
自信になるわ

おかげさまで西～東まで色んなアメリカを見られてグッと来たよ
新しい価値観を受けとった感じ

2週間も旅
するなんて
初めてだったから
一生の思い出に
なるわ
私も人生の夢が
叶って満足です

ああ…
日本に向かって
いるのか…
現実…
早く洗濯
したい
ゴー…
切り替え
早っ

帰国後
え～
喧嘩しな
かったの⁉
1回も⁉
うん…
ACO
―と聞かれる
事があり
ましたが
役割分担を
しっかりして
現地での
運転が
メイン！
レンタカーの予約や
交通ルールも
おぼえる！
出発前の
航空券、ホテル、
ディズニーチケット、
ツアーの予約など
用意全般がメイン！
必要な
アプリを
入れる！

目指すものが同じだったので
アメリカ横断!!
怪我しない!
無理しない!
楽しむ!
キーウェストに予定通り着かないと帰れない!
喧嘩より「お互い力を合わせなくては!」という思いが強かった
ちなみに実生活でも役割分担制(リーダー制)
掃除、洗濯リーダー
同じ方向を向くって大事だな
料理、台所周りリーダー
※リーダーが主に行いもう片方は補助
そんな事も感じた旅なのでした
アメリカガイド
ロードトリップ

アメリカ横断 費用（2人で14日間）

※時期やレートによって変動します！

・航空券

羽田→ロサンゼルス 19万円 ※大型連休（シルバーウィーク）をはさみ、到着時間を指定したのでお高めです…

キーウェスト→羽田 24万円

・ビザ（ESTA） 0.3万円

・宿泊費 26万円

・寝台列車 7万円

・レンタカー 11万円

・ガソリン代 1.4万円

・食費 9.5万円

・その他個人的費用 16万円
（チケット代、ツアー代、駐車場代、お土産代など）

1人あたり 57.1万円

アメリカ横断、楽しんでいただけましたでしょうか。

私はこの原稿が終わったらパァっと旅行にでも行こうと思っておりました。

ーが新型コロナウイルスで世界中が入国制限や自粛ムード。

家にいます。

自由に旅ができるのは、世界が平和な証なんだな。

そう感じている毎日です。

この本が出るころには平和が戻っていることを願っております。

山本あり

山本 あり Ari Yamamoto

漫画家、イラストレーター。東京都出身。
「食」が好きすぎて高校在学中に調理師免許を取得。桑沢デザイン研究所卒業。国内外のパンを食べ巡った『パンは呼んでいる』（ガイドワークス）、『世界ぱんぱかパンの旅』北欧編・ロンドン編、『やっぱりパンが好き！』（イースト・プレス）や、横浜のグルメを紹介した『まんぷく横浜』『まんぷく横浜 元町・中華街』、燻製生活にチャレンジした『自宅で手軽に♪燻製生活のススメ』（KADOKAWA）、『京都ご当地サンドイッチめぐり』（産業編集センター）など著作多数。　Twitter @yamamoto_ari

アメリカ横断　我ら夫婦ふたり旅

2020年6月2日　第一刷発行

著 者　山本 あり

協 力　秋信まちこ、有江真佐子（着彩助っ人）
ブックデザイン　清水佳子（smz'）
編 集　福永恵子（産業編集センター）

発 行　株式会社産業編集センター
〒112-0011 東京都文京区千石4-39-17
TEL 03-5395-6133　FAX 03-5395-5320

印刷・製本　株式会社シナノパブリッシングプレス

　ISBN978-4-86311-264-3　C0095